AF365614

INGENIERÍA DEL CONOCIMIENTO

ANTONIO MANRIQUE RONDÓN
VESTAL MARÍA MANRIQUE DE CONCEIÇÃO

INGENIERÍA DEL CONOCIMIENTO

EXLIBRIC
ANTEQUERA 2022

ANTONIO MANRIQUE RONDÓN
VESTAL MARÍA MANRIQUE DE CONCEIÇÃO

INGENIERÍA DEL CONOCIMIENTO

Fachada

Ingeniería del Conocimiento es una nueva visión de ver la realidad de las cosas. Se apuntala (entre otras herramientas del pensamiento) en las palabras de Virgilio en las Geórgicas: «*Felix qui potuit rerum cognoscere causas*» (verso 490 del libro III). «Feliz el que es capaz de conocer la razón de las cosas»; o sea, dichoso el que es capaz de entender el lenguaje de las cosas.

Los jóvenes entre los quince y treinta años son estimulados por un torbellino de información a través de la televisión, los teléfonos inteligentes, los videojuegos, el internet, el cine, el liceo, la universidad… que aturde los sentidos. Son ideas que llegan por diferentes vías y de diversas formas. El caso es que, en este torrente de información, aparecen en el mapa cognitivo tanto herramientas originales, como herramientas genéricas; así como una llave de ¾ de metal reciclado se dobla o desliza al accionarse para apretar una tuerca de acero, una falsa información puede afectar el comportamiento de una persona en un momento significativo, como al tomar una decisión importante en su vida.

Entender el lenguaje de las cosas es procurar sentir el entorno como un gesto inusual en el rostro de la persona con la que se está hablando. Entender el lenguaje de las cosas es descubrir la mentira del entrevistado, es visualizar la duda o el temor en el oscilar de los ojos de un interlocutor. ¿Por qué es importante para el conocimiento esta idea? Porque nos permite no cometer errores. También porque hay varios tipos de personas: los que engañan y los que son engañados; los que son conscientes de lo que afirman y los que no entienden lo que dicen; los que siguen sus propios senderos y los que transitan por caminos de otros; los que saben lo que hacen y los que hacen lo que no saben.

Ingeniería del Conocimiento es un diseño que, a través de ejemplos, comparaciones y pequeños cuentos, pretende aportar herramientas originales para armar nuestras propias estructuras de crecimiento personal, tanto en lo moral y ético, como en lo social y económico. Muchas personas fracasan en sus «proyectos de vida»; por no frenarse a tiempo, por dejarse dominar por el entorno, por no darse cuenta que el tiempo tiene sus propios espacios y hay que respetarlos. El título de la fachada de este «ítem» podría apuntalarse con estas dos ideas:

1ª, la felicidad no está en hacer lo que uno quiere, sino en querer lo que uno hace.

2ª, la naturaleza tiene correos electrónicos ocultos que Dios nos manda.

Consideraciones *sui generis* sobre el conocimiento

El tema del conocimiento ha sido tocado por muchos autores de muy alta jerarquía intelectual, pero en *Ingeniería del Conocimiento* se pretende mostrar que el conocimiento existe en la naturaleza humana, aunque no es humano, sino divino; al igual que el pensamiento y la imaginación, que son facultades inmanentes del espíritu, así como lo tangible es una propiedad de la materia y lo intangible es inmanente a lo del espíritu o lo divino. Conviene entonces la pregunta: «¿Puede un ser irracional conocer?», no. Conocer es un acto perfecto de la mente que depende en su totalidad de la razón, es una interrelación de facultades humanas. El que no razona no conoce o puede conocer.

Un animal irracional, por ejemplo, sigue un patrón de existencia perfecto, pero carece de la facultad de interrelación, y, si es verdad que el animal recuerda, este aprendizaje está limitado por un entorno demarcado por frecuencias de estímulos químicos y por reacciones instintivas que le permiten encontrar alimento, guarecerse de los depredadores o permitir su reproducción.

Pueden camuflarse para protegerse, pero su mimetismo no obedece a voluntad alguna, sino a su instinto, e igualmente es una constante que siempre tendrá la misma respuesta; tal vez pueda mutar, pero entonces ya no sería ni podría ser el mismo individuo. La condición de poder prever es la diferencia entre ver y conocer; entre el conocer animal y el conocer humano.

Ahora, en *Ingeniería del Conocimiento* hay líneas de comportamiento y de sobrevivencia como, en primer lugar, el querer hacer y no hacer, y en segundo lugar, el hacer y no querer; estos dos comportamientos marcan también la diferencia entre lo humano y lo animal, o entre lo humano y lo espiritual. Aunque el conocimiento humano y el conocimiento animal son parecidos, no se puede afirmar que haya entre ellos alguna similitud, pues el margen de error que existe en lo humano no necesariamente existe o puede existir en el animal, porque el instinto no es una facultad, sino un impulso.

La acción de percibir es propia, tanto del humano como del animal, pero en el animal obedece a estímulos y respuestas como un mecanismo de supervivencia y no como manifestación cognitiva, mientras que en el ser humano (homeostáticamente en equilibrio) la acción de percibir es un tipo de frecuencia relativa y no absoluta como en el animal.

La frecuencia de onda sensorial del animal no puede compararse con la capacidad de análisis del entorno humano; es por ello que, cuando se analiza el tema del «conocimiento», nos alejamos del límite material y nos acercamos al límite espiritual o divino, porque fuimos creados a imagen de Dios: «Hagamos al hombre a imagen y semejanza nuestra…» (Gen 1, 26-27). En efecto, si hacemos una comparación en el campo estrictamente somático, observamos que un perro es materialmente superior a un ser humano, pues tiene mejor desarrollados los sentidos de vista, oído, olfato, percepción del entorno, capacidad de defensa y ataque, capacidad de orientación, entre otros; de donde se colige que lo único que nos hace superior a un perro es la razón, la lógica, el pensamiento y, por ende, la capacidad de interrelacionar entre lo bueno y lo malo, lo permitido y no permitido como bases estructurales de un ser superior.

Existe otro interrogante que toca muy de cerca el tema del «conocimiento»: «¿Es el conocimiento una forma de creación?». Y la respuesta es afirmativa, sí somos creadores con el Creador del Universo, pues de no ser así habría una contradicción en las Sagradas Escrituras cuando afirma: **«Hagamos al hombre a imagen y semejanza nuestra; y domine a los peces del mar, y a las aves del cielo, y a las bestias, y a toda la tierra, y a todo reptil que se mueve sobre la tierra. Crio pues Dios al hombre a imagen suya: a imagen de Dios los crio»** (Gen 1, 26-27). Al analizar este mensaje bíblico se puede entonces afirmar que sí somos o podemos ser creadores con la ayuda del Creador del Universo.

La energía del conocimiento se produce en el dualismo sujeto–objeto, y se da cuando esta dicotomía establece una función recíproca, donde el sujeto aprehende al sujeto y el objeto es o puede ser aprehensible por el sujeto. Para algunos autores como Platón (427-348 a. C.) de altísima significación filosófica, el conocimiento es una **reminiscencia**; o sea, que el ser humano no conoce, simplemente recuerda (teoría de la **anamnesis**), y para Plotino (205-270) la energía del conocimiento tiene lugar cuando el espíritu humano es iluminado por Dios.

Otra base estructural del conocimiento es la **intuición**; idea que inesperadamente llega a la mente humana. Según Edmund Husserl (1859-1938), es el conocimiento que se puede presentar en dos planos: el sensible y el no sensible (teoría fenomenológica). El primero se refiere a las cosas concretas, y el segundo a la esencia general de las cosas; aunque para el filósofo Ferrater

Mora (1912-1991) «el conocimiento intuitivo es distinto de todas las demás formas de conocimiento: como el que se da por los sentidos, por la razón, por el intelecto o por la contemplación».

De lo antes expuesto se concluye que un conocimiento puede darse cuando la imagen sensorial llega a la mente y **es aprehendida,** tanto por el consciente como por el subconsciente; siempre y cuando dicha información o imagen cognitiva se quede o pueda ser objeto de recuerdo, análisis o comparación. Esta fase *sui géneris* del conocimiento no se produce en estados hipnóticos u oníricos porque son estados de inconsciencia.

Lo especial y único del conocimiento no puede ser mancillado por la droga o por ningún tipo de sustancia psicotrópica porque perdería su singularidad. Este podría ser el caso de un político que en su euforia populista arenga a las masas bajo el efecto de un estimulante. En este caso no puede afirmarse que esté seguro de lo que promete y de las consecuencias de sus actos, pues lo más probable es que no las recuerde, luego de un estado de lucidez. Esta consideración que *Ingeniería del Conocimiento* trae a la reflexión es de marcada importancia; porque no se puede hablar de conocimiento puro en una acción, por elocuente que sea, cuando pertenece a otro, como es el caso del plagio.

Perfiles del conocimiento

I. Los jóvenes actuales están en un mar de información, y sus sentidos, por tanta irrealidad, quedan aturdidos con ideas que llegan y se van por diferentes caminos y de muy diversas formas. Ideas de internet, de la televisión, de los teléfonos inteligentes, de amigos y amigas fortuitos de la universidad, del trabajo, de la familia o de la calle; todas estas ideas van cargadas de imágenes sensoriales que solo estimulan recuerdos, fantasías o experiencias, y, muy pocas veces, abren espacios cognitivos.

II. En el perfil uno se dibujan las líneas del desequilibrio emocional, social y psíquico en un ser humano moderno cuyas estructuras cognitivas, emocionales y espirituales todavía no están lo suficientemente sólidas como para aguantar los embates tormentosos de un futuro incierto. Es aquí donde el lenguaje de las cosas grita, para prevenirnos, a través de situaciones inesperadas, visitas casuales, noticias insólitas, alegrías o tristezas; eventos fortuitos desde el punto de vista familiar, social, económico y hasta religioso que algunas veces aparecen en nuestras vidas.

III. *Ingeniería del Conocimiento* es un andamiaje casuístico que propende sostener las bases de una realidad oscura: aquella que existe, pero no se ve; aquella que se siente, pero no se comparte; aquella que es efímera con apariencia de eterna. Esta realidad (a la que todos, en mayor o menor grado forma parte de la cotidianidad) se ancla en estos tres perfiles para éxito de algunos o fracaso de otros, lo cierto es que está ahí, *ad libitum* de cada persona; hombre o mujer, joven o adulto, rico o pobre, culto o inculto, fuerte o débil.

IV. Toda estructura que esté suspendida es más segura con cuatro soportes que con tres bases de sustentación; es por ello que el cuarto perfil del conocimiento es tan importante como el primero, el segundo o el tercero. El cuarto perfil del conocimiento son los valores. El valor en sí mismo es inmanente a la virtud, y por ende a la razón; pero depende de los sentimientos de agrado o desagrado de la subjetividad humana, individual o colectiva y puede ser: subjetivo más que objetivo, dependiente más que independiente y polarizado en el otro (opuesto). Por lo tanto, los valores son la base de sustentación por excelencia de toda persona que se precie de ser cumplidora del deber.

Desde el punto de vista axiológico-filosófico, los valores presentan una estructura organizacional con características propias como:

1. La realidad del valor es el valer en sí mismo.
2. La objetividad del valor no depende de las preferencias individuales, porque es el fundamento de todos los actos.
3. La independencia de los valores es característico de la «no subjetividad».
4. La cuantificación se contrapone al valor en sí, porque ellos son inmensurables.
5. La jerarquía axiológica es la característica más significativa en toda estimación valorativa.

Los versos de la basura

«Hay momentos terribles en la vida que dejan en el alma una amargura…». Estos versos estaban escritos en un papel que encontré en la basura, un día que no tenía nada que comer y el ladrido del hambre se oía en mi estómago.

Los venezolanos (antes de haber sido estigmatizados con el hierro de la Revolución bolivariana) teníamos en nuestras casas suficiente comida, agua y dinero; y nunca se iba la luz. Comida, agua, dinero y luz eran cuatro palabras que nunca se oían en nuestras casas; ahora son palabras que se nombran en la mañana, al mediodía y por la noche. Estas cuatro palabras son ahora la marca de la esclavitud en la mayoría de los venezolanos que no pudimos irnos de Venezuela.

Al igual que Jesucristo en la cruz, los cuatro clavos de la necesidad traspasan a los que nos quedamos viviendo en algún sector de Caracas. Los niños ya no lloran, porque no tienen fuerza para llorar; los ancianos tampoco lloran, porque en sus estómagos solo hay aire, y la hipertensión, la arritmia y la tristeza se lo impiden.

En la radio de algún vecino a las seis de la mañana se oye el *Gloria al bravo pueblo*, y una mueca en los rostros vetustos es la respuesta, salpicada de asombro y frustración, como si quisieran repetir: «Hay momentos terribles en la vida que dejan en el alma una amargura…».

Lo intuitivo y deductivo en el conocimiento

Estos dos términos se correlacionan en cuanto a la realidad de una verdad, y, si es así, el acto que se intuye y a veces se confunde con una visión es real. En la semántica de ambos términos cohabita el conocimiento; tanto de lo que es, como de lo que puede ser. A través del siguiente ejemplo se pueden entender mejor estos dos vocablos.

Imaginemos a un estudiante que va a la clase de Histología, y en vez de prepararse para un examen de Histología se prepara para un examen de Anatomía. En realidad, según el horario de ese día, no corresponde la asignatura de Anatomía, sino la de Histología; pero el estudiante, sin conocer el motivo ni el por qué, se lleva el material equivocado.

Al llegar a la universidad, sus compañeros le informan que el docente de la materia asignado para enseñar histología, se enfermó y se llamó a otro profesor para que lo supliera en el curso. Al llegar al aula se encuentra que el profesor que lo ha sustituido es el catedrático de Anatomía, el cual va a hacer una exploración de conocimientos en sus alumnos para correlacionar objetivos en esa materia.

¿Qué explicación tiene este hecho?, ¿Es la intuición que tuvo este alumno un regalo espiritual?, ¿Por qué en vez de prepararse para el examen de Histología lo hizo para un examen de Anatomía? La respuesta a estos interrogantes es inconsistente desde el punto de vista racional.

De este caso se podría deducir que, primero, la realidad estaba ahí (el examen); segundo, la verdad también estaba ahí (el conocimiento); y la deducción pudo haber sido producto de la experiencia (el alumno estaba en los últimos semestres de medicina). Se concluye entonces que el alumno, en base a la experiencia de otros semestres, «intuyó» que tenía que estar preparado más en Anatomía que en Histología, y acertó. A través de este ejemplo se infiere que, en condiciones normales, lo intuitivo y lo deductivo se atraen, al igual que unas partículas elementales dentro de un campo eléctrico.

El siguiente ejemplo es más explícito. Una maestra soltera y sin trabajo se informa a través de un periódico local de que hay dos escuelas donde necesitan un docente para suplir una vacante. La primera escuela está lejos de su casa, la otra está cerca; la que está lejos paga con retardo de hasta tres meses, la segunda paga regularmente. Ante esta alternativa, esta maestra intuye que debe aceptar el trabajo de la escuela que está lejos de su casa cuya remuneración salarial se recibe a des tiempo. Esta decisión de la maestra (aparentemente contradictoria) trajo como consecuencia que la maestra, después de tres meses sin cobrar, quedó fija en el cargo y en esa escuela conoció al profesor que actualmente es su esposo y padre de tres hijos; todos ellos excelentes profesionales. ¿Qué impulso hizo que la maestra seleccionara la escuela distante de su casa?, ¿es la intuición un regalo de Dios?, ¿es el conocimiento de una verdad, sin la intervención de la razón, una forma de presentarse el devenir o el destino?. La lectura que le da *Ingeniería del Conocimiento* a este caso solo es admisible dentro de una reminiscencia anterior (parafraseando a Platón en su teoría de la reminiscencia).

Ni ayer ni mañana

Muchas personas pasan su existencia recordando acontecimientos que marcaron su vida:

- Diferencias de opiniones o confrontaciones del pasado que hubo entre sus padres o entre sus hermanos.
- El despido injustificado en el trabajo de su padre o de su esposo.
- El embarazo difícil y aborto justificado de uno de sus hijos.
- El despido de la escuela de uno de sus hijos por mala conducta.
- Pérdida física de algún familiar.
- El robo de su vehículo y el atraco del que fue víctima su familia.
- El delito de algún miembro de la familia que lo llevó a la cárcel.
- La adicción de algún familiar a la droga.
- El rencor por la traición del esposo al que amaba.
- El ser querido que se fue, no volvió y que no llama; y que su olor aún se enreda entre las sábanas.

Todos estos eventos negativos van conformando tejidos de recuerdos que día a día erosionan los pensamientos de muchas personas hasta convertirse en fuerzas restrictivas o fuerzas negativas que no solo frenan todo progreso y cambio, sino que son causa constante de un deterioro progresivo de la persona; tanto físico, como psíquico, espiritual y mental. A su vez, hay personas que, ignorando el presente, van hilvanando una urdimbre de ilusiones futuristas sin ninguna base en la que sustentarse. Estas personas ignoran un presente que es suyo y de nadie más, un presente que toma el color de nuestros deseos y pensamientos, y siempre tiene esas bonitas pincelas de vida, de fe y esperanza que se traducen en deseos de vivir.

Tan negativo es recordar un hecho que marcó nuestra vida como ilusionarse por algo que no existe. En el primer caso se está resucitando a un muerto; en el segundo caso se está fabricando una frustración.

En psicología existe un término que, en su definición clínico-científica, describe así: *«La capacidad que tiene una persona para superar circunstancias traumáticas como la muerte de un ser querido, un accidente, entre otros.»*. El nombre de este término es **resiliencia**. Es de origen latino (*resilio, resilire*), y según Marco Tulio Cicerón (106-43 a. C.) significa «saltar hacia arriba, surgir», a la vez el escritor latino Caius Plinius (62-114 d. C.) quien indicó otra acepción «saltar hacia atrás, retirarse».

Con el testimonio lingüístico de estos dos eximios escritores de la antigüedad se infiere que el hecho de no buscar una solución ante un conflicto o trauma es, no solo el peor de los errores humanos, sino el desprecio más grande que se le puede hacer a la lógica y a la razón; y, por tanto, al conocimiento del **porqué de las cosas**.

El presente es un regalo que Dios nos da; es un nuevo día que se viste de amanecer, y es amor en la mirada y destellos de felicidad en la sonrisa. Todo esto para compartir con la familia. Apreciado lector: vivir el presente sin el ayer ni el mañana es una forma inteligente de existir.

El conocimiento y el agradecimiento

El conocimiento en sí mismo es un regalo. No es causa, sino efecto, y es por ello que el agradecimiento debe estar implícito en el conocimiento. En efecto, una de las características del conocimiento en relación con el agradecimiento es que este debe ser compartido, pues si lo que se tiene no es nuestro (sino de Dios), y sin embargo se posee, entonces se sobreentiende que debe ser trasladado a otros.

Se entiende entonces que un conocimiento que no beneficia a otros, en sí mismo no existe, pues su valor es directamente proporcional con el bien que se pueda dar. Se da entonces una relación de más a más y de menos a menos, como en el siguiente ejemplo: El conocimiento «saber nadar» *tiene valor,* si «impide que muera el náufrago»

Correspondencia biunívoca implicita en este ejemplo:

Saber nadar es a rescatar a un náufrago	COMO	No saber nadar es impedir que se salve

Imaginémonos a un bacteriólogo que descubre, en base a sus conocimientos bioquímicos, un antígeno que destruye al agente patógeno de una enfermedad infecciosa; pero este científico muere y durante su vida con su descubrimiento no salvó ninguna vida, ni tampoco previno ningún contagio, ¿Tuvo este descubrimiento algún valor?, no, porque hubo desinformación del hallazgo científico obtenido.

El agradecimiento también lleva implícito el incremento del conocimiento mismo. Imaginémonos a dos jóvenes que se graduaron con honores en Ciencias de la Salud; el primero se fue a trabajar a un taller de mecánica automotriz, el segundo se fue a trabajar a un hospital. ¿A cuál de los dos médicos se le habrá incrementado el conocimiento obtenido en la universidad?. Es obvio que al segundo joven y no al primero; del primer médico se puede inferir que ni será buen técnico en mecánica automotriz, ni mucho menos buen médico.

En este ejemplo se pone de manifiesto la cita bíblica que dice: «Al que más tiene más se le dará y al que menos tiene, aun lo que tiene se le quitará» (Lc 12, 48).

La persona agradecida siempre atrae energías positivas; mientras que el desagradecido solo atrae las energías negativas del entorno. Porque el que es agradecido por los conocimientos que Dios le ha regalado no solo atrae las fuerzas impulsoras del progreso, sino que aumenta el nivel de felicidad en sí mismo y en los demás; pero el que no agradece los conocimientos que Dios le ha regalado y tampoco los comparte, poco a poco los irá olvidando hasta perderlos totalmente.

La verdad de lo incierto

Roca es un librepensador que, estimulado por René Descartes, quiso poner en práctica su máxima latina: **«*Cogito, ergo sum*»** (pienso, luego existo). Terminó sus estudios universitarios con éxito y formó una bella familia; su trabajo como docente le permitió dar a sus hijos una excelente formación académica. Roca, que había tenido una vida estable en lo económico y en lo social, ve ahora que su nevera está vacía, su carro deteriorado y parte de su familia fuera de su país. Roca, entonces, aunque aturdido por los gritos del silencio, omite los irracionales estímulos que son característicos de una situación como la que vive y de una realidad que le estrangula todos los días. Un día, después de una larga meditación, se dijo: «Si pienso es porque estoy vivo, y si estoy vivo debo justificar entonces el oxígeno que respiro», y tomando un estilográfico Roca escribió en una hoja de papel las siguientes preguntas:

1°. Si hubiese nacido de unos padres con VIH positivo, ¿quién sería yo hoy?

2°. Si el día que me caí de una escalera hubiese pegado mi cabeza contra la columna que estaba enfrente, ¿qué habría pasado conmigo?

3°. Si la serpiente venenosa que estaba camuflada con los objetos que estaba manipulando en horas de la noche me hubiese mordido, ¿qué habría sido de mí?

Estas tres preguntas despertaron en Roca todo un cúmulo de más interrogantes que se fueron entrelazando hasta formar una estructura de sólidas respuestas y razonamientos como:

1. Si miro alrededor de mí veré que hay otros que están peor que yo.
2. Si estoy vivo es porque Dios quiere algo de mí.
3. Si fui rescatado de la muerte (trombosis venosa profunda + colelitiasis + inflamación en el hipocondrio derecho) no fue por una casualidad, sino por algo providencial.
4. Si a la edad de 78 años todavía estoy vivo es porque aún no he cumplido con los designios de Dios, Creador del Universo.
5. Si estoy triste es porque le he dado demasiada importancia a algo o a alguien.
6. Si siento que algo me hace falta es porque me he dejado dominar por la costumbre.
7. Si me preocupa la casa, el trabajo, el carro o mi proyecto de vida a corto plazo es porque necesito planificar mejor mi tiempo, y priorizar una realidad que necesita freno.

Estos siete últimos razonamientos no solo fortalecieron a Roca en lo espiritual y emocional, sino que lo transformaron en un joven de 78 años, en un «ductor» de sí mismo y de su familia, con una nueva filosofía de la vida: **cumplir el deber por el deber mismo, sin amor a la recompensa ni temor al castigo, como única forma de ser libre; pensando que la felicidad no está en hacer las cosas que uno quiere, sino en querer las cosas que uno hace**.

Filosofía de la mentira

La esencia de la mentira se apuntala en la malignidad, la envidia, el odio y la mediocridad; y las principales características del mentiroso al momento de comunicarse en público son: mirada oscilatoria, aparente sonrisa al final de la frase o de la idea, y movimientos faciales acompañados con ademanes repetitivos en las manos y los brazos.

El perfil filosófico de la mentira es esencialmente humano y racional; es por ello que la mentira está en lo cotidiano del ser humano. Se miente por necesidad, por temor, por placer, por venganza o por vergüenza; se podría afirmar que la mentira es un recurso humano usado en la política, en el comercio y en casi toda relación interpersonal donde el hecho de «convencer» produce un beneficio.

Según Aristóteles (384-322 a. C.): «El castigo del mentiroso es no ser creído, aun cuando diga la verdad». Esta afirmación aristotélica se cimienta en el hecho psicológico de la mentira cuyas principales facetas son: inseguridad, nerviosismo y temor intrínseco a ser descubierto. Es por ello que cuando el mentiroso dice algo que es verdadero, entonces, su lenguaje corporal lo traiciona, y este hecho se deja sentir en el entorno audible, en el receptor del mensaje.

Platón (428-347 a. C.), al respecto, justifica el hecho de mentir para no precipitar un daño; afirma que «la mentira solo es útil en los hombres como la medicina (en el ejercicio de la medicina). El uso de tales medicinas (los placebos) debe estar circunscrito a los médicos».

La mentira más letal es aquella que se sustenta en una posible verdad, con la finalidad de «hacer creer que…» para lograr de este modo un beneficio personal, aunque vaya en perjuicio de otro. Por ejemplo, imaginemos a un narcotraficante que en el proceso de seducción de una joven profesional ambiciosa la convence de ganar buen dinero distribuyendo entre sus compañeros universitarios una sustancia psicotrópica. En este caso los tres factores en los que se apoya la mentira son: primero, es una mujer joven; segundo, es profesional, y tercero, es ambiciosa.

Lo letal de esta mentira está en el conocimiento que tiene la joven de sus compañeros universitarios. A través de este ejemplo se puede inferir que las mentiras más letales son la seducción, el perjurio y la intriga; porque estas tres formas de delinquir casi siempre conducen a la muerte, tanto del alma como del cuerpo. **El perjurio**, por ejemplo, es una forma premeditada y con alevosía de mentir; **la intriga** es una forma de mentir que se ejecuta con astucia y con cautela; y la **seducción** es también una forma de mentira que se presenta camuflada en la promesa y el engaño como vía para lograr un beneficio a expensas del perjuicio de otro.

Ingeniería del Conocimiento, al analizar la mentira como un hecho humano, compara este comportamiento con una forma de debilidad, de falta de fuerza y de una marcada inseguridad. En política, por ejemplo, palabras como sigilo, secreto, disimulo y reticencia son términos en los que a menudo se camufla la mentira, haciendo parecer al político como un comunicador culto, honesto y creíble. Es por ello que el mejor político es aquel que mejor usa el arte de la demagogia y del ardid como herramienta populista.

El tiempo y el conocimiento

El tiempo es, en sí, la existencia misma. En efecto, el tiempo lo es todo; sin él la realidad no existiría, porque él es la base de sustentación de todo conocimiento, de toda existencia. Muchos son los autores que se han atrevido a asomarse a los umbrales del tiempo: Ilya Prigogine (1917-2003), Jeff Davison y James T. McCay, entre otros. Las cosas son valiosas si hay tiempo, pues es él quien da valor a las cosas.

Las ideas, por ejemplo, van y vienen en la mente del ser humano, pero es el tiempo quien permite que se queden o desaparezcan. La acción en sí misma no existe, es la nada si no la vitaliza el tiempo, porque dentro de él se dan todas las cosas; todas las acciones y reacciones, al igual que todo lo tangible y lo intangible.

- El tiempo es un don, de ahí que tengamos que dar fiel cuenta de su uso y de su inversión.
- Es limitado, de modo que cohabita en un espacio dentro de un Alfa y una Omega; dentro de lo efímero y lo eterno.
- Es mensurable, en virtud de lo cual oscila y se desplaza entre frecuencias y ondas.
- Es esencial, por cuanto existe en sí mismo en función de un espacio.
- Es inmanente, pues sin él no hay existencia ni realidad.
- Es de origen divino, porque él es, ha sido y será.

Filosofía de la comparación

Dos niños, que desde preescolar andaban juntos, al llegar a sexto grado ya tenían sus propios intereses. Constantemente se preguntaban quién era más grande de tamaño o quién era más veloz corriendo en el fútbol. Algunas veces, competían para ser el primero con el que una niña compartiera su helado o su merienda; otras veces competían en quién obtendría el mejor promedio en tal o cual asignatura. Tanto interés tenían ambos estudiantes por ser mejor el uno en relación con el otro que comenzaron a reprocharse sus errores, sus defectos. Un día, en la hora del recreo, cuando estos dos estudiantes se reprochaban mutuamente tal o cual error, intervino un profesor que los había estado observando y les dijo: «Apreciados alumnos, para mí ustedes dos son muy buenos amigos, ¿por qué discuten tanto? , les propongo una actividad; rayen en una hoja de papel dos columnas, en una escriben solo cualidades, y en la otra escriben solo defectos y errores, el que tenga más defectos es el ganador». A partir de ese momento, no volvieron a discutir por errores, y se dice que llegaron a ser excelentes profesionales y amigos.

Ver nuestros defectos es la mejor luz que alumbra el entendimiento, porque no reconocer nuestro error y no aprender de él ya es otro error; es por eso que el tamaño de la comparación es inversamente proporcional al objeto comparado. Por lo tanto, **si me comparo con algo grande me veré pequeño y si me comparo con algo pequeño, entonces me veré grande.** Este es precisamente el principal error del mediocre, cuando se cree del tamaño del excelente y carece del conocimiento del excelente; es aquí donde el mediocre va de error en error, creyéndose que va de éxito en éxito hasta llegar a un estado megalómano. En efecto, según Sócrates (470-399 a. C.): «Solo es útil el conocimiento que nos hace mejores». Esta máxima de Sócrates puede aplicarse en la comparación siempre y cuando el objeto de emulación sea una virtud y no un éxito circunstancial.

El primer error que comete una persona es el compararse con otra, y un segundo error es el sentirse menos que esa persona. Estos dos errores no solo minimizan al sujeto, sino que frenan por completo el conocimiento que de sí pueda tener esa persona, pues elimina su autoestima. La comparación solo es positiva cuando se tiene como referencia a Nuestro Señor Jesucristo, infinito en conocimiento, en misericordia y en poder, pues todo lo demás es circunstancial y transitorio, y, por ende, sujeto a errores.

La comparación, por ser en sí misma subjetiva, es también dependiente del elemento u objeto comparado. Por ende, así como el espejo no es la causa de la imagen, sino el efecto de la imagen, también quien se compara con otro siempre buscará verse proyectado en la persona que es objeto de comparación; es por ello que nunca podrá ver errores y defectos, sino verdades y virtudes. Vista a través de este perfil podría afirmarse que la comparación en sí misma es una forma de narcisismo, la cual es muy común en el populismo político y en toda persona con muy baja autoestima.

El tamaño de las partes

Las partes de un todo son del tamaño que nosotros les damos; ni más grandes ni más pequeñas. O dicho de otro modo, las partes (personas, animales, circunstancias u objetos) adquieren importancia si nosotros les damos importancia. El siguiente ejemplo es más evidente.

Esquirla tenía un amigo, y ambos (Esquirla y su amigo) tenían cada uno un perro como mascota. Para Esquirla su perro era todo: comían en el mismo comedor, iban juntos a la playa y hasta salía algunas veces de su trabajo para ir a ver a su perro, el cual dormía en el mismo cuarto que Esquirla. En fin, para esta mujer su perro era más que una mascota, era un compañero a toda hora.

Su amigo, en cambio, trataba a su perro como una mascota más, pues también tenía un gato y un lorito. Un día, estando Esquirla y su amigo paseando a sus perros por la avenida, pasó un vehículo sin frenos y atropelló a los dos perros; tanto Esquirla como su amigo sufrieron un impacto emocional muy fuerte (porque estas dos personas querían mucho a sus mascotas), pero Esquirla, a causa de este incidente, se sintió muy deprimida emocionalmente y tuvo que ser internada en una clínica de la localidad donde más tarde murió de un infarto al miocardio. Su amigo, aunque lamenta la muerte de su compañera e inseparable Esquirla, aún conserva a sus dos mascotas, el lorito y el gato.

La alerta de una inscripción

Los padres de Léger viajaban mucho. En uno de esos viajes, por Italia, cuando estacionaron su vehículo frente a una librería les llamó la atención una inscripción que había en uno de los estantes; estaba escrita en latín y decía: *«Prigra iuventus miserae senectutis»*, o sea, «la pereza en la juventud es desgracia en la ancianidad». Ya de regreso en su casa de campo, el padre de Léger comentó con su hijo la máxima latina que le había llamado la atención en Italia: «Hijo, le dijo, eres muy joven, lo más valioso que tenemos los seres humanos no es el dinero, es el tiempo; no lo despilfarres, prepárate bien para administrar los negocios de la familia que mucho trabajo y esfuerzo nos ha costado».

Léger, que por ese entonces solo tenía veinte años, no solo abandonó los estudios universitarios, sino que se dio a la buena vida. Con el tiempo, tanto la fortuna como la vida de Léger iban menguando; también por las deudas que fue adquiriendo para mantener lo opulento de su apariencia como por sus malos negocios.

Pasaron los años. Pasó mucho tiempo hasta que un día Léger (que estaba ya nostálgico y viejo) se acordó del consejo que le había dado su padre y de la inscripción latina que había leído en aquel viaje, pero ya era tarde; en ese momento solo le quedaban sus acreedores, porque tanto sus amigos como su fortuna habían desaparecido.

Lo importante de estar preparado

Antonio siempre se comunicaba a través de internet con una amiga en Europa; se contaban cosas como su forma de ver la vida, sus impresiones en el colegio y todas esas vivencias propias de adolescentes.

El caso es que el ordenador (computadora) de Antonio se dañó, y él intentó repararla por sí mismo, pero no logró hacerlo; fue entonces a un taller especializado en reparación de artefactos electrónicos y le dijo al jefe del taller: «Amigo, buenos días, tengo un problema que tiene solución. Mi equipo de computación está dañado y necesito que usted lo arregle, pero no tengo dinero para cancelar su importe». El jefe del taller observó que había sinceridad en las palabras del joven, y, como necesitaba un muchacho para la limpieza del taller, le propuso un trato y le dijo: «Joven, parece que hoy es su día, le propongo un convenio, revisaré el equipo que trajo, pero a cambio usted me pagará haciendo diferentes labores como la limpieza del taller, envíos de mercancía, mensajes y cuidar del taller cuando tenga que ausentarme por razones de trabajo». El joven aceptó y le dio las gracias al jefe del taller por haberle solucionado el problema.

Muy temprano, a la mañana siguiente, Antonio estuvo a las puertas del taller antes de la hora de apertura, al jefe del taller le agradó tal disposición al trabajo y ese mismo día arregló la computadora. Desde el primer día, Antonio, mientras iba y venía en las labores de limpieza, se iba fijando en cómo se arreglaban los equipos, los nombres de las partes que ensamblaban, los nombres de las herramientas que se usaban, las formas de soldar, entre otros, hasta el punto que el jefe del taller, al ver tanto interés de aprender del joven Antonio, le dijo: «A partir de hoy será mi ayudante». Un día, la amiga de Antonio con la que se chateaba lo invitó a viajar a España para continuar los estudios universitarios. Le sugirió que no se preocupara por conseguir trabajo en España, pues ella tenía un tío que era propietario de un pequeño taller de artefactos eléctricos.

Antonio, que era un joven ahorrativo, tenía en el banco el dinero necesario para viajar a Europa. Ya en España, los padres de la joven lo ayudaron a buscar trabajo, y muy pronto encontró uno en un taller de artefactos electrónicos donde fue contratado; no en el de su tío, sino en otro. Después de haber obtenido altas calificaciones en las pruebas de admisión de la empresa quedó contratado como encargado del área de revisión de equipos.

Estar preparado para lo imprevisto es la mejor forma de cambiar de vida, de visualizar un futuro. Muchas personas no se motivan por adquirir un conocimiento cuando se les presenta la oportunidad porque no es su especialidad o no está relacionado con su profesión, y después se dan cuenta de que les hizo falta ese conocimiento, pero ya es tarde. **Estar preparado es procurar entender el lenguaje de las cosas; es planificar al final del día las acciones del día siguiente; es visualizar un futuro en base a la realidad del presente; es analizar si lo que se ha hecho pudo haberse realizado mejor. Estar preparado es pensar antes de actuar y prever las consecuencias de la acción.**

El éxito del fracaso

El significado del término «fracaso» es aplicable solo a un ser plenamente racional. También es importante señalar que pueden darse varios tipos de fracasos: conformes a la facultad o interés del sujeto de la acción; a este respecto, no podría hablarse de fracaso en un niño, pero sí de un adulto racional. En un fracaso pueden aparecer variables emocionales, sociales, económicas y hasta competitivas, pero las más importantes son las espirituales y psíquicas. Por ser en sí mismas (estas variables) las que estructuran el fracaso como tal, para que exista un fracaso propiamente dicho deben existir en el ser pensante elementos *sine qua non* como el deseo, el interés, la acción *a priori* en relación a, y la acción *a posteriori* con relación a. Otro perfil del fracaso es que no está fundamentado en el objeto, sino en el sujeto, es por ello que su campo energético es esencialmente cognitivo. El siguiente episodio evidencia cómo un aparente fracaso conyugal para un miembro de una pareja se convierte en un acicate que energiza al otro miembro de la pareja.

En un bello estado de Venezuela, dos personas se enamoran y se casan: el primer cónyuge es Rosa (una damisela estudiante de bachillerato) y el otro es Amán (un científico de treinta años); de tan desproporcionada unión nacieron tres hijos, todos ellos hermosos e inteligentes. El hombre (un entomólogo bilingüe) cada día crecía en deseos y proyectos futuristas que compartía en su hogar con sus amigos y compañeros de investigación; su esposa (una bella mujer de atractivas formas y penetrante mirada), los atendía y compartía con los amigos de su esposo.

Poco a poco, de la mano con el tiempo, tanto las reuniones como el compartir eran más frecuentes; hasta que se presentó el momento en el que uno de los amigos de su esposo le dijo a Rosa: «Señora, me agradas mucho, desde el primer momento en que la vi su imagen me atormenta por las noches y me despierta en la mañana». La joven esposa no demostró extrañeza alguna ante tal atrevimiento; por el contrario, le contestó: «¿Quiere otro tipo de licor o le sirvo el mismo?». El invitado, estupefacto, comprendió que esa mujer también gustaba de él.

Al paso de unos meses, el profesor de entomología y su esposa se divorciaron. Rosa, al verse divorciada y sin la guarda y custodia de sus tres hijos (pues Amán, había ganado la patria potestad de sus hijos en un litigio amañado a su favor), se dijo: «Soy libre, estoy sola, soy joven y todavía hermosa; terminaré el bachillerato y me inscribiré en la facultad de educación de la universidad». La nostalgia de su fracaso conyugal todos los días iba menguando; primero, en el momento de culminar con éxito su bachillerato, y luego, al término de su licenciatura en la facultad de Educación. El éxito obtenido en la universidad no solo llenó de entusiasmo a Rosa, sino que sirvió de estímulo suficiente para ingresar en la facultad de Derecho donde inició una nueva carrera universitaria, la cual también culminó con éxito. Actualmente, Rosa está felizmente casada con un profesional empresario; y su exesposo, ya difunto, es recordado por sus tres hijos, los cuales viven en la casa de Rosa, su madre.

Lo mejor de una acción

El joven Michel siempre hacía las cosas bien, pero no era feliz, se sentía atado e incomprendido. En el liceo fue un excelente estudiante, pero su vida siempre estaba teñida por una sombra de melancolía y de inconformidad. Ingresó en la escuela militar y sus expectativas en relación con sus compañeros de ingreso fueron mejorando, pues nunca le llamaron la atención y hasta lo ascendieron de jerarquía; pero su inconformidad consigo mismo y con la realidad del momento iban en aumento. Ya en el último año de su carrera, decidió buscar ayuda psicológica y el diagnóstico fue simple; el psicólogo le informaba a Michel que la causa de su desequilibrio emocional se debía a un estrés constante, muy común en la carrera militar. «Es procedente —le recomendó el especialista— que cambie de profesión». Michel accedió a la recomendación del psicólogo y, una vez graduado de oficial del ejército, solicitó su retiro y se fue a su casa. Ya en su residencia comenzó a ver la vida diferente, aunque todavía su estado emocional de insatisfacción y de vacío continuaba.

Un día, después de saborear un buen café en un centro comercial elegante de la ciudad, mientras cancelaba la cuenta le dijo al encargado del negocio que lo atendió: «Gracias por el buen servicio, estuvo exquisito este café». Para asombro de Michel, el encargado del negocio le respondió: «No me felicite, ese es mi trabajo, pues la filosofía de mi vida es cumplir el deber por el deber mismo, sin temor al castigo ni amor a la recompensa como única forma de ser libre; en mis acciones busco solo agradar a Dios, Omnipotente y Eterno, que me ha regalado todo lo que tengo».

El joven Michel comprendió que esa era la causa de su depresión, de su desequilibrio emocional, de su inconformidad; reconoció que durante su vida él había hecho bien las cosas, algunas veces por temor a un superior y otras veces por un deseo fatuo de ser felicitado. Comprendió en ese momento que de nada vale el aprecio o el rechazo de un ser humano si se ignora la grandeza y magnanimidad de Dios Omnipotente y Eterno que da todo, tanto material como intelectual y espiritual. En ese momento se acordó de una cita bíblica que había leído cuando era niño: «**Buscad primero el reino de Dios y su Justicia y todas las demás cosas se os darán por añadidura**» (Lc 6, 33).

Se conoció que, después de este evento, Michel se graduó de médico y dedicó su vida al servicio de la salud de los demás, buscando agradar en todas sus acciones a Dios Padre Todopoderoso.

La lógica y el conocimiento

La lógica es una forma de conocimiento; varias son las definiciones que se han escrito sobre el término «lógica»; a continuación, *Ingeniería del Conocimiento* compila las más importantes:

- Según Marco Tulio Cicerón (ya citado), «lógica es el arte de discurrir y juzgar rectamente».
- Es el conocimiento de las leyes del pensamiento y de las condiciones de la verdad.
- Es el estudio de las leyes del pensamiento en forma abstracta, independiente de los objetos sobre los cuales pueden recaer.
- Es la disciplina mediante la cual se dogmatizan las leyes, modos y formas del pensamiento razonado, la lógica filosófica.
- Es el estudio de los términos, de las proposiciones y de las argumentaciones a nivel epistemológico y deductivo, la lógica clásica o aristotélica.
- Es la ciencia de las leyes generales del desarrollo de la Naturaleza, de la sociedad humana y del pensamiento, es lógica dialéctica.
- Es la ciencia pura de las inferencias correctas de acuerdo con reglas precisas y unívocas a partir de postulados preestablecidos, es lógica simbólica o matemática.
- La que trata de generalizaciones empíricas efectuadas sobre lo real por medio de una abstracción, es lógica de la inducción.

- La que nos revela la estructura objetiva de los pensamientos, es lógica psicológica.
- La que centra el problema en torno a los modos del razonamiento científico. Lógica metodológica.
- La que afirma que el objeto ideal es el objeto pensado, es lógica fenomenológica.

Para *Ingeniería del Conocimiento,* y desde su punto de vista polifacético, la lógica se ancla en tres ángulos perceptibles:

- Primero: Es el acto en sí que es perfecto y existe en sí mismo y que por lo tanto es el fiel que le da existencia a la razón.
- Segundo: Es un proceso que conduce al conocimiento verdadero.
- Tercero: Es el análisis de los principios según los cuales se halla articulada la realidad.

Lo importante y lo transitorio

Para muchas personas, la causa de su estrés y hasta de su cáncer está en no saber cuál es la distancia entre lo importante y lo transitorio. Son muchos los ejemplos que se pueden citar sobre este tema. Imaginemos, por ejemplo, que un joven está en el siguiente dilema: si asistir a una reunión con sus jefes de la empresa, en la que se van a discutir los nuevos lineamientos técnico-administrativos a nivel laboral, o asistir a la invitación que formalmente le hizo su novia con motivo del aniversario de bodas de sus padres.

Las consecuencias de su inasistencia son importantes, pero ¿qué es transitorio entre su futura esposa y su estabilidad laboral? En este dilema es donde una buena decisión marca la distancia entre el éxito y el error.

Este segundo caso es más entendible: una joven decide irse de Venezuela porque ve que la profesión que está cursando en la universidad no tiene futuro en su país; el problema es que no cuenta con dinero para viajar. En este caso lo importante es el futuro y lo transitorio es viajar al exterior.

Este tercer caso es más controvertido: una señora sexagenaria hipertensa descubrió que su tensión arterial se incrementaba ante cualquier impacto emotivo; descubrió que cada una de las acciones que a diario realizaba (lavar, asear la casa, atender los compromisos de la iglesia) le alteran su tensión arterial, por lo que a diario recurre a tomar sus medicamentos para la hipertensión.

Un día le comunicó a su esposo lo que le estaba pasando con su salud. Su esposo, después de oírla, le dijo: «Debe priorizar sus actividades y no dar tanta importancia a las cosas; deje que la casa se caiga, pero usted no se caiga con ella. Usted vale más que todas esas actividades que la están estresando y preocupando. Cuando una persona le da mucha importancia a algo o a alguien se convierte en dependiente de aquello a lo cual le da importancia, porque las cosas toman el valor que uno les da y ejercen poder sobre uno en una relación de más a más y de menos a menos; o sea, que si me apego a una cosa o a una persona en un 50 %, seré dependiente emocionalmente de esa cosa o persona en un 50 %. Así que, para no sufrir, no debe pre-ocuparse; déjele espacio al tiempo y no se adelante a él, porque el pre-ocuparse por todo es una de las causas de estrés, de intranquilidad y de desequilibrio emocional. Vea qué es lo importante y qué es lo transitorio o circunstancial, si cuidar su salud o mantener limpia su casa».

Se cuenta que después de esta comunicación con su esposo la señora mejoró notablemente tanto su presión arterial como su equilibrio emocional.

Cuando el final es el comienzo

El conocimiento es la base de sustentación de nuestra vida, y del conocimiento depende el éxito o el fracaso de una actividad. En sí mismo, todo lo que comienza bien, en condiciones normales, termina bien; pues un buen comienzo se convierte casi siempre en una fuerza que estimula los sentidos y energiza el aprendizaje de las cosas. Muchas personas creen que ya han logrado las metas que se trazaron en su vida, como terminar su bachillerato, la universidad, terminar su especialización, ejercer sus conocimientos en una buena empresa, casarse, tener una bonita vivienda, un carro, entre otros; pero todos estos logros nunca deben ser un final. Está demostrado que el profesional que no se convierte en investigador de su profesión termina siendo un mal profesional; porque el conocimiento o se cultiva o se pierde. También hay situaciones en la vida donde un final solo es un comienzo, y esto es lo que sucede cuando un conocimiento adquirido se convierte en una forma de «aceleración inicial» en el camino de la vida.

Este es el caso de una joven que se graduó de médico cirujano y luego terminó con honores una especialidad en Radiología y Diagnóstico por Imágenes en una exigente universidad venezolana. Por razones sociopolíticas, su país se vino abajo con una hiperinflación nunca vista en la historia del mundo. Decidió entonces irse a Europa y así sustentar su reciente vida conyugal.

Al llegar a Portugal, el primer obstáculo que encontró fue el idioma, y la segunda barrera fue poder ejercer su profesión de médico. Ambos obstáculos signaron un nuevo comienzo en su vida y en sus expectativas de cambio. Se dio cuenta entonces de que su final académico solo era ahora un comienzo.

Las primeras experiencias de ser primeriza en un alumbramiento fueron abriendo ventanas del conocimiento unas tras otras. Se dio cuenta la joven de que los idiomas portugués, francés e inglés marcaban el inicio de una nueva vida.

El final de su carrera universitaria en Venezuela era ahora solo un comienzo; comienzo que vino de la mano con su hija, María Victoria, niña hermosa, de mirar profundo y angelicales atractivos. Una niña junto a la que inicia ahora una nueva vida; una vida en la que, tomadas ambas de la mano, transcurren de ideal en ideal, de experiencia en experiencia y de comienzo en comienzo. Una nueva vida que demostró que el final en Venezuela es ahora un comienzo en Europa. Honor a quien honor merece, pues **de nada vale tener una oportunidad de cambio si no se está preparado para cuando este cambio llega.**

Filosofía de la palmera

Antonio y María frecuentaban los fines de semana un bello lugar, donde disfrutaban de un agradable paraje vestido con frondosos árboles de cedros, pinos, robles y algunas palmeras; era un lugar de exuberantes atractivos, con un riachuelo que serpenteaba entre las frondas. Esta pareja gozaba de perfecta armonía, tanto material como espiritual, pero, por razones circunstanciales propias de matrimonios jóvenes, hubo desavenencias conyugales que terminaron en un divorcio.

Ya divorciados Antonio y María, viviendo cada uno en casa de sus respectivos padres, recordaban los gratos momentos que pasaron en «el campo del riachuelo», como llamaban a aquel lugar que frecuentaban.

Después de un año de divorcio, Antonio, expectante por recordar los gratos momentos vividos con su exesposa, decidió volver al «campo del riachuelo»; al llegar al sitio quedó estupefacto. Los grandes y frondosos árboles estaban arrancados de raíz, sobre el riachuelo (y hechos pedazos) estaban el cedro, el pardillo y los altos pinos; y más allá, las esbeltas palmeras aún mostraban en sus penachos las heridas que había dejado la tormenta en sus volubles ramas. Todo era una hecatombe; acá, unas palmeras yacían contra la tierra, y más allá, otras palmeras permanecían aún erectas, pero sin ramas; al lado del riachuelo, las corpulentas ramas de los pinos mostraban las huellas del desastre, pues de lado a lado abrazaban las cristalinas aguas del riachuelo.

Antonio al observar el área desolada y devastada, leyó e interpretó el mensaje de las palmeras que, aunque tristes y desnudas de sus ramas, permanecían erectas y esbeltas. Observó que eran las únicas plantas que, por doblarse hasta la tierra, no habían sido partidos sus tallos ni arrancadas de raíz; entonces se dijo: «Volveré con mi esposa, le pediré mil y más veces perdón por haberme dejado vencer por la ira y por los celos; por haberle gritado y maltratado con palabras; por no haber bajado la cabeza y haber visto sus cualidades como esposa, sus virtudes y hermosura como amiga, así como tampoco su elegancia y compañerismo; por no haber visto que era una mujer excepcional».

Se cuenta que Antonio y María se reconciliaron después de dos años y se mudaron de la casa de los padres de María, donde antes vivían.

Reconocer nuestros errores antes de actuar, bajar la cabeza ante la adversidad y dominar a tiempo el primer impulso agresivo es la mejor forma de conservar lo que se ama.

El primer impulso por ser inmanente a la voluntad humana es o puede ser causa, pero cuidado con el efecto de esa causa; es por ello que ante el primer impulso hay que frenarse, detenerse, para analizar las consecuencias probables de la acción. Porque pensar antes de actuar puede asegurar el éxito o el fracaso en una toma de decisiones

Filosofía del espejo

Un espejo me cambió la vida. Era un hombre necesario para la sociedad, tenía un buen trabajo y, por si fuera poco, tenía una excelente familia; no obstante, mi inclinación hacia el licor era constante. Al principio, solo tomaba para celebrar tal o cual acontecimiento (cumpleaños de mis hijos, aniversario de algún evento familiar); después, tomaba licor casi todos los días. A través de los años, como en toda familia, fueron apareciendo desequilibrios emocionales entre mi esposa y yo, o entre nuestros hijos (unas veces personales, otras veces grupales), pero es el caso que en todos estos acontecimientos me di cuenta de que sentía un deseo inusitado por tomar tal o cual licor.

Un día, unos amigos de universidad (que se caracterizaban por ser bromistas) visitaron mi familia. Qué iba a saber yo que se habían puesto de acuerdo para filmarme; en efecto, después de compartir unas copas me dijeron: «Ahí te dejamos este regalito» (es lo último que recuerdo). Al día siguiente comencé a buscar el «tal regalo» y me encontré con una filmadora; por supuesto, lleno de curiosidad, comencé a ver lo grabado. ¡Increíble!, mi comportamiento era tan ridículo que no solo me avergoncé de mí, sino de mi familia.

Un espejo que había al fondo de la sala, de aproximadamente metro y medio de alto por un metro de ancho, fue el mudo testigo de los acontecimientos. La cámara reflejaba las imágenes con un perfil característico, haciendo cada movimiento, cada ademán por demás grotesco. En los días siguientes al evento seguí viendo la filmación y cada vez me iba sintiendo más avergonzado ante el espejo en el que me veía. Ya casi al final de la semana, luego de estar viendo la filmación, pasaron por mi mente varias preguntas: «¿Por qué mi esposa o mis hijos no me advirtieron de mi estado etílico?», y fue tan fuerte mi respuesta que juré que no volvería a hacer el ridículo ante nadie. Fue un espejo, en su silente presencia, quien me gritó desde la sala cantidad de improperios y palabras obscenas que nunca había oído; fue el espejo de mi casa el constante juez de mí mismo… y, por esta razón, mi agresivo juramento se ha cumplido. Ahora mi comportamiento ante mi familia ha cambiado en todos los ángulos de la palabra gracias a los gritos del silencio del espejo de la sala. Ahora le doy gracias a Dios por haberme dado la gracia de aprender de mis errores.

Filosofía del torrente

Dos niñas leían una historieta sobre un comentario que hacían dos torrentes de agua al final de su recorrido. El uno le decía al otro: «Produje tanta energía y luz eléctrica que me siento complacido por mi buena obra», y el otro torrente le respondió: «Yo, en cambio, produje tanta destrucción en cosechas y viviendas que no sé ahora cómo reparar el daño». Los dos torrentes de agua, dentro de su diálogo, mostraban la dicotomía de una realidad y se preguntaban el uno al otro: «¿Cómo es que mientras tú produces un beneficio yo produzco un daño?». Tanto interés les causó esta historieta a las niñas que la comentaron con sus padres. Una tía de una de las niñas, que oyó los comentarios que hicieron las niñas sobre los dos torrentes de agua, les dijo: «Sobrinas, vengan para acá, sus padres están muy ocupados, yo les explicaré lo que quieren saber. El torrente significa la abundancia, pero, si esta abundancia no se administra con sabiduría, en vez de ayudar a crecer económicamente, entonces daña y perjudica; es por ello que, en vez de producir un beneficio, produce un daño.

»Hay naciones, por ejemplo, que han tenido muchas desgracias naturales como maremotos, terremotos y hasta devastaciones completas por bombas nucleares; y, no obstante, han superado todos estos infortunios y ahora tienen una excelente economía y bienestar social, como Japón. Otras naciones, en cambio, como Venezuela, que tiene abundantes beneficios hídricos, mineros, climáticos, agroindustriales y energéticos, ahora presenta la peor de las economías latinoamericanas, con la hiperinflación más desbastadora en la historia del mundo. Queridas sobrinas, un torrente de agua es un claro ejemplo de cómo la misma fuerza que devasta plantaciones agrícolas puede mover una turbina y producir energía eléctrica. La mejor explicación a este interrogante está en el capítulo 19, versículo 26 del evangelio de san Lucas: **"Yo os declaro —respondió Jesús— que todo aquel que tiene, dársele ha, y se hará rico; pero al que no tiene, aun lo que parece que tiene se le ha de quitar"**.

»Para Japón, por ejemplo, los infortunios han sido superados y sus habitantes no han sucumbido ante las desgracias, por eso ahora tienen progreso y bienestar; en cambio Venezuela, que tiene tantas riquezas (oro, diamantes, hierro, petróleo, gas, ríos, tierras fértiles), en vez de haber administrado con sabiduría estas riquezas las ha despilfarrado y usado en favor de un grupo de gobernantes; ahora ha caído en la corrupción y el pueblo tiene pobreza, hambre y delincuencia. Somos nosotros los seres humanos los que ganamos o perdemos los bienes que Dios nos regala en la misma proporción como los administremos, bien o mal; bien (en favor de otros) o mal (abusando del bien de los otros)». Después de esta explicación de la tía, las niñas entendieron que, en la medida en que administramos bien los recursos que Dios nos regala, en esa misma proporción se nos aumentarán o se nos quitarán.

Filosofía de la corrupción

Según el filósofo francés Étienne Bonnot de Condillac (1715-1780): «En tiempos de corrupción es cuando más leyes se dan». Es correcto, porque toda acción delictiva en sí misma es o puede ser causa de corrupción, ya que todo delito conlleva una parte legal para que pueda ser tipificado como tal. Somos nosotros los seres humanos los que, a través de leyes, normas, decretos o advertencias, delimitamos lo permitido de lo no permitido, lo legal de lo ilegal. Ahora, cuando un hecho en sí mismo punible no es legalmente castigado, deja de ser poco a poco un hecho delictivo y hasta puede llegar a ser permitido si se convierte en costumbre, porque toda costumbre legaliza el hecho. Tal vez basándose en esta realidad, Cicerón (ya citado) afirmó: «La costumbre es nuestra segunda naturaleza».

Los seres humanos, a diferencia de todos los animales, conceptualizamos la acción y podemos darle un valor y hasta convertirla en permitida o no permitida; pero estos parámetros que delimitan la acción vienen dados en buena parte por la costumbre. Cuando la costumbre ha permitido que un hecho sea bueno o necesario, no debe entonces ser cambiado, pues ha sido legalizado por el tiempo; y es así como, el hecho modificado para beneficio personal o grupal en detrimento de la mayoría, lo convierte en ejemplo de corrupción.

Se podría entonces afirmar que para que exista corrupción deben darse las siguientes variables:

1. Que el hecho sea tenido como bueno o necesario por la mayoría.
2. Que el hecho sea realizado o concebido por uno o varios individuos en busca de sus propios beneficios y en detrimento de una mayoría.
3. Que el motivo central del hecho no vaya en beneficio de una mayoría, sino en beneficio de un individuo o de una minoría.
4. Que sean más los afectados por el hecho que los beneficiados por la acción.
5. Que la materia u objeto del hecho sea patrimonio nacional o mundial y necesario para todos.

A través de estos cinco niveles perceptibles se puede inferir que, cuando se populariza o se convierte en moda un hecho que en sí mismo afecta a una mayoría, se le está abriendo un espacio legal a la corrupción. Es por ello que tan corrupto es el que regala lo que no es suyo como el que pide lo que no merece; al igual que tan corrupto es el que roba como el que compra lo robado, porque ambos aprovechan la necesidad del otro para lograr un beneficio personal, ya sea material, emocional, social o hasta religioso.

El vestido de las ideas

Muchas personas tienen muy buenas ideas, pero no saben cómo expresarlas; o las expresan de diferentes ángulos: políticos, artísticos, científicos o religiosos. Igualmente, si una idea es expresada bajo un perfil subjetivo será diferente a esa misma idea expresada bajo un perfil objetivo; por lo tanto, el impacto en el oyente también será diferente. Las ideas son organismos lingüísticos completos, y como todo organismo cambiará favorable o despectivamente, ya sea mostrándose bonito o despreciable. Imaginemos una candidata a Miss Universo vestida con un traje harapiento y sucio; es probable que no gane el certamen, aunque tenga un cuerpo bello.

Un ejemplo puede ilustrar mejor esta faceta del conocimiento: Antonio, al pasar por un lugar turístico con una amiga, detecta un olor característico, entonces Antonio le puede decir a su compañera dos expresiones: primera, «¡Qué lugar tan hediondo!», o segunda: «Este lugar no huele bien». En el primer caso, la palabra **«hediondo»** impacta muy fuerte, tanto al lugar como a la persona que la pronuncia; en el segundo caso, la expresión **«no huele bien»** impacta mucho menos, tanto al lugar como a la persona. En el primer caso, es probable que la amiga de Antonio no desee volver a salir con su amigo; en el segundo caso, tanto ese lugar como Antonio son circunstanciales y es probable que no afecte a la motivación de la amiga. Son entonces las palabras el vestido de las ideas y lo que las convierte en agradables o desagradables. El siguiente ejemplo tal vez sea más elocuente:

En un curso propedéutico universitario, el primer día de actividades, una joven quedó prendada de uno de sus compañeros de curso. No sabía su nombre, ni de dónde venía, ni dónde vivía, pero como le agradó tanto su cuerpo, su rostro y su forma de caminar lo siguió por el pasillo de la universidad y, al verlo dialogando con un grupo de compañeros, se acercó sigilosamente al grupo y le prestó atención a todo lo que decía. Al escucharlo hablar quedó muy sorprendida y decepcionada de las palabras que utilizaba para referirse a su exnovia; no solo eran soeces y despectivas, sino que no había coherencia en ninguna de sus ideas. Este comportamiento desilusionó tanto a la joven que ni siquiera se preocupó por conocer su nombre. Este hecho es ejemplo elocuente de cómo impactan favorable o desfavorablemente las palabras, tanto en las ideas como en las personas. Ahora, «el vestido de las ideas» va más allá de la gramática y la oratoria. Si se analizan las expresiones: «Pedrito ensucia todo» y «Pedrito ensucia todo lo que toca», la primera frase intuye una idea material, y la segunda frase intuye una idea inmaterial. Se puede ver esta diferencia si se cambia el verbo ensuciar por el verbo dañar: «Pedrito daña todo» (se infiere la idea de travieso), y «Pedrito daña todo lo que toca» (se infiere que Pedro causa daño o puede causar daños a terceros, es peligroso). Ante estas connotaciones lingüísticas se puede afirmar que una persona comienza a desnudarse cuando comienza a hablar.

El valor de lo útil

Dos estilográficos se comunicaban entre sí; el uno se llamaba «azul» y el otro se llamaba «negro». El primero afirmaba que él era más valioso porque su cubierta era dorada y tenía un costoso estuche donde su dueño lo guardaba. El otro le respondió que él tal vez no tenía un estuche bonito, pero las manos que lo usaban eran suaves y perfumadas. El estilográfico azul respondió entonces: «¿De qué valen las manos suaves y bonitas si tu estructura es de plástico y en cualquier parte se compra?».

Así, entre constantes altercados, tanto el estilográfico azul como el negro pasaban los días. Hasta que, en una tarde de pinceladas tristes en el horizonte, el estilográfico negro se sintió apesadumbrado, pues sus trazos de tinta negra no eran ya muy firmes, y su dueña, una famosa escritora de novelas, lo guardaba como el «objeto que más había usado en su magna obra literaria». El estilográfico azul, en cambio, permanecía hermoso, en su estuche caro y con toda su tinta, pues su primer dueño había muerto y no lo usó nunca porque era un regalo de familia. La niña María Victoria, que había oído el diálogo entre estos dos bolígrafos, concluyó que el estilográfico más valioso del cuento había sido el de la escritora de novelas, pues toda su tinta y toda su vida la había dado al servicio de la cultura universal.

El valor de la importancia

Por razones de interés personal, y motivada por su esposo al que ama, una linda dama se residenció en una bella ciudad de Europa. Su mayor interés fue darle un lugar y una educación digna a su futura hija, pues estaba embarazada. Su felicidad iba en aumento a medida que se acercaba el alumbramiento, hasta que el día maravilloso llegó, había nacido una hermosa niña; la alegría desbordó por toda la casa, por toda Lisboa, por toda Europa. Un celeste «aleluya» fue el arpegio que adornó a un «gracias», ¡oh, Dios!, Señor Nuestro. ¡Qué alegría!

Pero, así como una flor fragante y hermosa atrae a lepidópteros e himenópteros, la presencia de esta bella niña fue objeto de envidia entre algunas mujeres recién casadas y sin hijos. Embriagada de alegría por tan excelente advenimiento, la bella dama, y ahora joven madre, invitó a una congénere pareja y preparó una exclusiva atención gastronómica para cuando llegaran, pues su centro de atención era su recién nacida hija.

Pasó el momento y los invitados no llegaron. No hubo una llamada de aviso… tampoco una disculpa fortuita. Solo el silencio se asomó a la ventana con el frío de la tarde, que heló el fervor de la joven madre.

¿Por qué no vendrían?, ¿Por qué no llamaron?. La joven madre ató estos dos interrogantes con los lazos de la lógica y de la razón y se dijo: «¿Qué más deseo yo si lo tengo todo? Tengo a Jesucristo Nuestro Señor, en primer lugar, y luego a mi linda hija y a mi esposo a quienes amo, son mi familia». Entonces brotó de los labios de la dama y joven madre un infinito, «¡gracias Señor!», y un celaje sonrosado se asomó en sus mejillas, que aún se nota cuando acicala su rostro ante el espejo, silencioso testigo de su vida.

Darle importancia a las cosas que no tienen importancia es sublimar un desprecio; es pretender hacer volar lo que se arrastra. Muchas lágrimas le roban el espacio a la alegría cuando nos equivocamos al momento de valorar algo que consideramos importante desde el punto de vista familiar, laboral o académico. La importancia en sí misma es subjetiva, pues depende del sujeto; es por ello que está o puede estar sujeta a errores, porque depende más del estado emocional de la persona que de las circunstancias.

Ventajas y desventajas del problema

Comencemos por el nacimiento del problema o la causa del mismo. ¡Increíble! La causa de todo problema es uno mismo. Está en la mente del ser racional y nace en el momento en el cual ese ser racional comienza a darle importancia. Una vez que el problema se hace presente (en la mente), encuentra aliados y no aliados en la misma mente. Los **aliados** del problema son: el temor, la inactividad mental, la desidia, el conformismo, el sentimentalismo, el vicio fortuito, el miedo, la vanidad, los escrúpulos y otros. Los no aliados o **enemigos** del problema son: la actividad mental (lecturas sobre temas científicos, técnicos, artísticos o filosóficos), la actividad física, los retos a corto plazo, el análisis de los retos *a priori* y *a posteriori*, los mecanismos de defensa, los valores religiosos, éticos, morales y otros.

Tener un problema es un indicador positivo, significa que me estoy dando cuenta de que algo no anda bien o que puede ir mal. Tener un problema es percatarse que existe una situación irregular que produce o puede producir un daño; desde este punto de vista, tener un problema es positivo porque puedo encontrar una solución, puedo ponerme a prueba (en caso de una adicción) y ver de qué soy capaz. La presencia de un problema es como un interrogante para mi capacidad de superación, para mis reservas de conocimientos, para demostrarme de qué estoy hecho. Para muchas personas volubles, la presencia de un problema es todo un cataclismo, toda una desgracia; y para estas personas la presencia de un problema (a nivel económico, social o de salud) es una muerte anunciada. Su problema es un **todo absoluto** que carece de partes, y sus únicos mecanismos de defensa son aquellos que aturden, enceguecen y adormecen, y que generan compasión en el entorno.

Para entender mejor las «ventajas y desventajas de un problema» veamos esta premisa a través del siguiente ejemplo. Dos hombres tienen el mismo problema. Ambos aman a sus respectivas esposas, ambos tienen tres lindas hijas, ambos viven en un bonito apartamento y ambos tienen un trabajo estable; pero, por equis razones, ambos tienen problemas emotivos. El primero vio a su esposa besándose con el vecino, y el segundo encontró en el correo de su esposa mensajes que comprometían la fidelidad conyugal de su esposa. El primero, ante esta realidad, llega al apartamento y agrede a su esposa con palabras mofantes y decide divorciarse; el segundo medita uno de esos mensajes y concluye que el amor de su esposa hacia él hacía mucho tiempo no existía. Después de varias semanas de tensión emocional en ambos hogares, el primero se quita la vida en el baño de su vivienda; el segundo firma un convenio de repartición de bienes ante una notaría y ambos quedan conformes. Se cuenta que, después de varios años, la exesposa se encontró con su exesposo en un avión que viajaba hacia Europa; ambos se dirigían a una convención de empresarios industriales que se iba a efectuar en España. Para el primero, el problema lo llevó a la tumba; para el segundo, el problema lo condujo hacia el éxito.

Esquirlas del conocimiento

El conocimiento en sí mismo es una frecuencia esencialmente espiritual, de origen divino, que se estructura en el ser racional a través de la percepción, de la experiencia, del análisis, la intuición y la telepatía. Por ser el conocimiento una entelequia pura en esencia, es susceptible de ser afectado a través de **eufemismos, ambigüedad de sentido, anfibologías, hipocorísticos, apelativos, barbarismos, fetichismos y mensajes subliminales**; estas esquirlas del conocimiento pueden vulnerar el nivel de percepción. Lo vulnerable del conocimiento no está en él mismo (porque es impoluto), sino en el ser que lo percibe. Observemos los siguientes ejemplos:

1. En un periódico local del día viernes, en la población A se lee: «A partir del lunes próximo, el gobierno **sincerará** los precios de los licores en el territorio nacional»; y en el periódico local del mismo día viernes, en la población B se lee: «A partir del próximo lunes, el gobierno **aumentará** los precios de los licores en el territorio nacional». Es casi seguro que ese fin de semana las ventas de licores en las cervecerías suban más en la población B que en la población A. El impacto social se minimiza con la idea de **sincerar los precios** en la población A, respecto del impacto social que produce la idea de **aumentar los precios.** Este **eufemismo** afecta el nivel de conocimiento en A con respecto a B.

2. En un informe de un club deportivo se lee: «El entrenador reprendió a los participantes indisciplinados». Esta **anfibología** afecta el nivel de conocimiento del propietario del club, pues no sabe si los participantes son todos indisciplinados o solamente es un grupo de participantes los que son indisciplinados. Otro ejemplo instruye mejor esta esquirla del conocimiento: «Antonio vio a María besándose con su hermano». ¿El hermano de quién? ¿De María o de Antonio?

3. En una revista científica se lee: «La competencia científica fue todo un éxito; las dos finalistas más sobresalientes fueron María Victoria, en primer lugar, y Vestal María en segundo lugar. La emoción del certamen fue tan sensible que Mariavic fue fuertemente ovacionada por todos». Este nombre **hipocorístico** afecta el nivel de conocimiento del lector, pues no entiende a quién ovacionó el público, si a las dos primeras finalistas o a una tercer finalista del certamen llamada Mariavic.

4. En un lugar peligroso del pueblo, la policía detiene a dos jóvenes: el Catire y el Pelo Rubio. Al siguiente día, sale la noticia del suceso y los padres de uno de los jóvenes, al ver que su hijo no llegó a la casa, se preocuparon mucho y fueron a la sede de la prefectura para averiguar por su hijo, pero no lo encontraron. Al llegar de nuevo a la casa se alegraron cuando vieron que su hijo el Catire les abría la puerta. Este **apelativo** (apodo) afectó el nivel de conocimiento de los padres del joven, que esa noche no

llegó a dormir a su casa porque se quedó estudiando para el examen en casa de un amigo de la universidad.

5. El conocimiento se mantiene en el ser humano, a través de análisis, experiencias *a priori* y *a posteriori*, frecuencias extrasensoriales, acciones y reacciones científicas (conocimientos de primer nivel); también tiene presencia en acciones y reacciones basadas en creencias, supersticiones y fetichismos ideológicos (conocimientos de segundo nivel). En el ejemplo siguiente se puntualiza cómo un fetiche usurpó las funciones de un conocimiento de primer nivel. Un gobernante, como estrategia para mantenerse en el poder, mandó exhumar los restos de un eximio prócer independentista, y en su comportamiento megalómano se creyó e hizo creer que él era o podría ser la reencarnación de ese prócer. Esta **acción fetichista** no solo vulneró el conocimiento que de la historia podría existir en ese país, sino que transformó la idiosincrasia de sus habitantes.

6. Por tener el ser humano la capacidad de crear sus propias frecuencias de onda en el proceso perceptivo, también el ser humano está expuesto (al igual que un ordenador computarizado) a alteraciones graves en el proceso mental. Este es el caso de los **mensajes subliminales**, que son captados por el subconsciente y almacenados en un tipo de memoria capaz de convertir una cosa en otra (acción de conmutar) que cambia la percepción de la realidad en difusa y hasta transparente, para convertir lo que es mentira en aparente verdad. Este tipo de memoria puede

trastocar un comportamiento; de negativo en positivo, y viceversa, a pesar de ser rechazado. En la actualidad, esta herramienta del conocimiento es muy usada por políticos a través del cine, la radio y la televisión por la versatilidad que tiene en producir imágenes sensoriales y trascendentales. En Venezuela, por ejemplo, se dieron dos casos que testimonian el éxito de un mensaje en forma subliminal y cómo fue su efecto en una determinada población de individuos. Primero: en las propagandas del político Lusinchi, la letra ese de su nombre estaba escrita con un trazado característico de un lápiz labial. Este político fue presidente por el partido Acción Democrática (1984-1989). Segundo: cuando Renny Ottolina inscribió su partido político, la imagen con la que se identificaba su partido eran sus lentes, y, aunque murió antes de las elecciones, su éxito propagandístico fue notorio. Estos dos ejemplos, describen como una imagen sensorial es un estímulo cognitivo primario y puede confundir el conocimiento de una realidad en una persona. El trazado de la letra «S» con lápiz labial, evoca la imagen de unos labios femeninos; al igual que, la imagen de unos lentes sustituía el rostro del candidato.

Fases sensoriales y extrasensoriales del conocimiento

Una de las bases de la estructura de nuestro conocimiento es la percepción, la cual a su vez tiene sus bases en los impulsos nerviosos originados en los órganos sensoriales a través de estímulos propios del medio ambiente. Las fases sensoriales del conocimiento se apuntalan, primero, en la energía propia del nervio que transmite la información (estímulos aferentes y eferentes), y segundo en la independencia del estímulo que excita al nervio (impulsos centrífugos y centrípetos); estas dos formas sensoriales evidencian que, aunque los estímulos sean del mismo tipo en todos los nervios, cada uno de ellos desencadena percepciones distintas.

Es importante señalar que los seres humanos no solo tenemos cinco sentidos (vista, oído, olfato, gusto y tacto), sino que existen más de diez modalidades sensoriales diferentes que tienen su origen en distintos receptores y que, por lo tanto, pueden proporcionar independientemente cambios de tipos de información ante un mismo estímulo. Este hecho explica cómo un mismo estimulante en dos individuos iguales causa reacciones diferentes.

Científicamente se ha demostrado que un deseo prohibido o castigado en la niñez es expulsado del consciente al inconsciente, pero mantiene su influencia en el comportamiento (teoría de Sigmund Freud [1856-1939]). ¿Es acaso el conocimiento (represivo) gestado en la niñez el que aparece en el adulto homicida transformado en venganza? Si es así, lo sensorial del conocimiento se manifiesta en la relación **niño-adulto**; con una similitud de origen **represión-venganza**.

La fase extrasensorial del conocimiento es aquella que se percibe sin la intervención de los órganos sensoriales, llamada también «psicoquinesia», o sea, la acción directa de la mente sobre la materia que justifica los fenómenos paranormales; es decir, los estados del conocimiento de origen extrasensorial. ¿Es la intuición un ejemplo de conocimiento extrasensorial?. Si es así, el presentimiento podría ser otra fase de conocimiento. Parte de la respuesta podría haberla dicho Platón (427-347) cuando afirmó: «Nosotros no aprendemos, simplemente recordamos». ¿Estaba evidenciando Platón con esta afirmación lo extrasensorial del conocimiento? Estos interrogantes podrían ser premisas de una importante conclusión: «La mente humana es la única que es capaz de transformar lo ordinario en extraordinario; de cambiar cosas que siempre han existido en cosas que nunca han existido».

La urdimbre del conocimiento

En todos los seres vivos creados por Dios todo está armónicamente correlacionado, y este comportamiento biológico y fisiológico de todo organismo vivo se evidencia en un tiempo y un espacio determinados. El conocimiento es parte de todo ser humano vivo, y se manifiesta en forma de estímulos y respuestas a través de una serie de interacciones psicosomáticas que le permiten a este ser vivo su supervivencia.

La urdimbre del conocimiento comienza en el útero, pues el conocimiento comienza en el ser humano antes de nacer a través de un tipo de embriología evolutiva inicial o indicación biológica. En efecto, las diversas partes de un germen embrionario en desarrollo son gobernadas en su morfología y crecimiento por zonas rectoras o quimio-diferenciadoras; es decir, que ya existe un tipo de conocimiento innato en el ser humano, y es la madre (desde el útero) la que lo va hilando a través de diferentes tipos de frecuencias sensoriales y extrasensoriales. Y aunque este ser embrionario humano ya trae todas las herramientas para un perfecto ensamblaje cognitivo, necesita, sin embargo, de un pre-aprendizaje a través de la madre y del ambiente social, emocional y espiritual en el que cohabita.

Se cuenta que un niño, el penúltimo de doce hijos, al nacer no reaccionó ante la leche de la madre, y tampoco lloró ni defecó. Ya al tercer día de su nacimiento, la madre (que ya había perdido al primogénito de sus hijos), había acumulado tal cantidad de energía mental y emocional que estalló en una invocación de carácter religioso e invocó a un santo de su devoción prometiendo que le pondría al niño su nombre si le concedía el favor de que «no muriese su hijo»; e *ipso facto* la respuesta no se hizo esperar. El niño lloró, defecó y succionó la mama de su madre casi al mismo tiempo. ¿Es acaso probable que la energía represada en la madre durante tres días irrumpiera *ex abrupto* y estimulara el conocimiento innato del recién nacido, generando estímulos e impulsos nerviosos suficientes como para que se dieran esas tres reacciones fisiológicas al mismo tiempo?. Este suceso fue real y demuestra que, «la urdimbre del conocimiento», las fibras nerviosas que conducen los mensajes motores desde el sistema nervioso central hasta los órganos periféricos, llevan un valor intrínseco de un conocimiento específico; así como los mensajes psicofísicos y sensitivos en sentido inverso (estímulos aferentes y eferentes), el cual es necesario para una acción y reacción en un órgano específico del cuerpo humano.

A este respecto, Freud distingue tres cualidades psíquicas: el consciente, el preconsciente y el inconsciente. La primera aplica a contenidos conscientes pasados; la segunda aplica a contenidos que se hallan en la memoria; la tercera aplica a los impulsos biológicos básicos (hambre, sed, sexo).

Ingeniería del Conocimiento aclara que la división que hace Freud de los contenidos psíquicos en inconsciente, preconsciente y consciente no es absoluta ni permanente, pues **«lo que es preconsciente se transforma en consciente sin nuestra intervención; y lo que es inconsciente puede convertirse en consciente gracias a nuestros esfuerzos»**.

El valor del otro

El otro existe. Es necesario, siempre ha existido. Al lado de un movimiento hay otro, porque todo movimiento implica un desplazamiento; al lado de una célula hay otra porque todo está en constante dependencia. Un átomo, que es la partícula más pequeña de un elemento, está formado de otras partículas elementales (electrones, protones, neutrones, quarks). El valor del otro no necesariamente son personas, pueden ser cosas, eventos, circunstancias; puede ser el mismo entorno, porque no estamos solos, a nuestro lado siempre hay una información positiva o negativa de una realidad que nos rodea. Esta realidad, si se analiza objetivamente, es positiva; por ejemplo, si analizamos la idea de que «todo lo que sucede tiene una causa, tiene un porqué», veremos que al lado de una acción hay una reacción, y al lado de un deseo siempre hay otro deseo. Porque el todo siempre tendrá partes que lo componen, pues el todo sin partes sería la nada; esta podría ser la razón filosófica del valor del otro como parte de un todo armónico. Imaginemos al planeta Tierra con una sola especie animal, o a un animal carnívoro con un solo maxilar. Estos dos interrogantes evidencian el valor del otro como causa ***sine qua non conditio***.

Se cuenta que dos niños tuvieron destinos diferentes producto de la diáspora en Venezuela. Habían quedado huérfanos de padre y madre, y fueron dados en adopción por las autoridades de un país latinoamericano. El primer niño fue a un hogar donde sus padres adoptivos se comprendían y había entre ellos armonía y valores religiosos, éticos y sociales. El segundo niño fue adoptado por una pareja que no tenía hijos y que tenían costumbres extrañas (música voluminosa los fines de semana, consumo de licor y cigarro, y algunas veces pleitos entre ellos con agresiones verbales).

Pasaron los meses y los dos niños fueron a colegios diferentes, el primero a un colegio privado de La Salle y el segundo a un colegio público. Con el tiempo, los niños se convirtieron en jóvenes; el primero fue a la universidad y el segundo salió a trabajar como taxista para ganar dinero. Al paso de los años, el primer joven se graduó de médico cirujano y el segundo joven seguía trabajando, ahora como ayudante de mecánica en un taller.

Un día, el joven mecánico se enfermó y fue al hospital. Una vez en el área de cirugía se da cuenta de que el médico que lo está atendiendo es venezolano; ya después de haberse recuperado, el joven mecánico regresa al hospital para hablar con el joven médico que lo había atendido, y después de compartir un café con el médico decide trabajar y estudiar en la universidad Ingeniería Mecánica. Luego, después de cinco años de estudio, el joven mecánico se graduó de ingeniero. Actualmente, ambos jóvenes (ya casados) viven en Colombia y han ayudado a otros venezolanos que han tenido que emigrar de Venezuela. Este ejemplo evidencia que los valores se pueden modificar, pero no se pierden; pues el ejemplo del médico fue de gran estímulo para que el joven mecánico concretara sus estudios profesionales como ingeniero. En este breve relato se evidencia cómo la naturaleza tiene mensajes ocultos que Dios nos manda.

Casuística del conocimiento

Está comprobado que el conocimiento se estimula con la observación y la motivación. Víctor es un joven estudiante de Ingeniería; un día llegó a la casa de su novia y, como hacía calor, tomó el selector del aire acondicionado para activarlo. Al ver que no se activó el aire, supuso que eran las pilas del selector que estarían ya vencidas, pero al cambiarlas por unas nuevas el equipo no se activó; comentó entonces con su novia la posibilidad de salir a comprar un nuevo selector, pero como ya era tarde le dijo: «¡Vamos a ver qué tiene esto por dentro!». Al abrir el selector comprobó que estaba muy sucio y que uno de los contactos de la tarjeta estaba oxidado; procedió entonces a limpiarlo con una solución volátil y luego lo limpió con la aspiradora de la casa. Al accionarlo de nuevo la sorpresa fue gratificante, pues el selector dañado había quedado en perfecto estado.

Ese mismo día observó que uno de los aires de la casa de su novia hacía un ruido extraño, al revisarlo detectó que uno de los rodamientos era la causa del ruido, así que de inmediato procedió a reemplazarlo por otro que había en la casa y solucionó el problema. Al final del día, Víctor comprobó que no sólo había ahorrado un dinero a su novia en pago de técnicos, sino que había descubierto que el conocimiento estaba en él, pero no se había dado cuenta. En este ejemplo se evidencia la presencia del conocimiento innato en algunos seres humanos, el cual solo necesita de estímulos como la motivación y la observación para que este se manifieste.

Ejercicio para estimular el conocimiento

Apreciado lector: A continuación se le están mostrando algunas frases y palabras, ambas numeradas, que mantienen relación directa con el conocimiento. En los recuadros en blanco, según lo considere, reúna los números de aquellas palabras y frases que mejor se correlacionen, de la misma forma como aparece en el siguiente ejemplo:

1. Recordar solo lo bueno
2. Escuchar
3. Escribir lo que se piensa hacer, la planificación.
4. Ideas.
5. Intentar hacer.
6. Evaluar las ventajas y desventajas ante una situación.
7. Jerarquizar acciones.
8. Formular hipótesis
9. Entrenar el cerebro para no responder frenéticamente ante un impulso.
10. Evaluar elementos motivadores.
11. Pensar el contenido antes de hablar
12. Análisis situacional del entorno.
13. Evitar distractores.
14. Enesayar.
15. Observar evolución de la planificación sobre el entorno.

16. Identificar elementos como modelos de acción.
17. Evaluar la aplicación inmediata
18. Ser autocríticos del nuestro proyecto de vida.

Por ejemplo, dado un número por cada color, identifique el que Ud. asocia a sus planificaciones según el proyecto de vida propuesto

1. Amor, 2. Blanco, 3. Odio, 4. Rojo, 5. Intenso y 6. Azul. La respuesta correcta es la N° 5 ó 6. En efecto, intenso es connotativo con profundo, y profundo es connotativo con océano, con mar y, aunque azul se corresponde con cielo, esta imagen también se corresponde con mar, con océano, grandeza.

En los siguientes recuadros Ud., no deberá escribir ni las frases ni las palabras, solo los números que se correspondan de acuerdo a su lógica, según las actividades mencionadas para concretar su proyecto de vida.

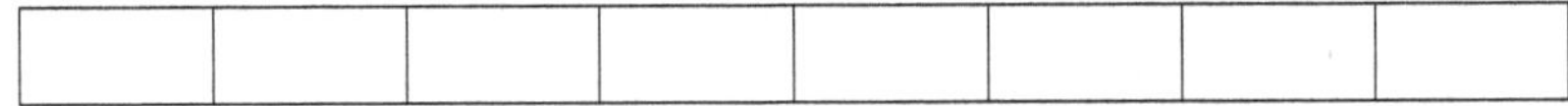

Algunas respuestas según sus prioridades, pueden ser:

8-2, 8-2-4, 3-5, 6-11, 7-14, 8-16, 9-15, 10-12, 13-16 .

La autoevaluación permanente es muy eficaz y afecta positivamente la conducta del ser humano, a nivel empresarial y de forma individual.

Lo conveniente y lo necesario en el conocimiento

Estas dos palabras son estructurales como bases de un conocimiento; por este motivo, en *Ingeniería del Conocimiento* se definen etimológicamente estos dos términos: **conveniente**, es una palabra derivada del latín *(conveniens-ēntis)*, y M. T. Cicerón (ya citado) le otorga a este término los significados de conforme, concorde, útil, provechoso y correspondiente; **necesario**, por su parte es también un vocablo de origen latino *(necessărius-a-um)*; y también Marco Tulio Cicerón le otorga a este término los significados de preciso, indispensable, urgente.

Ahora, en la adquisición de un conocimiento lo que es conveniente no siempre es provechoso, y, si no es provechoso, entonces no es necesario. Al contrario, un conocimiento si es necesario siempre será conveniente y provechoso. Establecida esta ambivalencia en un conocimiento dado, hay que tener claro que el aprendizaje de una acción delictiva es o puede ser perjudicial, y si es así no es conveniente, pero puede ser necesario. Un ejemplo tal vez pueda aclarar mejor esta aparente dicotomía en relación al conocimiento.

En una escuela de formación de detectives, dos jóvenes con los mejores promedios académicos fueron asignados en la investigación de dos casos de homicidio diferentes. Por las circunstancias en que se encontraron las víctimas, ambos casos presentaban un alto grado de oscuridad y de dificultad. El primer detective, motivado porque era su primer caso, quiso dejar muy en alto su prestigio académico y de inmediato inició las investigaciones del caso. El segundo detective, más astuto que el primero, optó por hacerse pasar por homicida y fue recluido como cualquier convicto en la penitenciaría. Al final de unos meses fue liberado bajo fianza; una vez libre, tomó el caso que le habían asignado.

El segundo detective había estudiado en la academia varios casos de convictos, cada cual más escalofriantes, y poseía un amplio conocimiento teórico, pero nunca había intimado con el mal de una manera tan directa, solo cuando estuvo con algunos presos que ya habían sido sentenciados a cadena perpetua. Para este segundo detective el conocimiento del mal aprendido en la cárcel era necesario. Se cuenta que este segundo detective, después de haber descubierto a los autores materiales e intelectuales del homicidio, no solo fue ascendido de cargo, sino que permitió que dentro de la escuela de detectives se produjeran algunos cambios. El conocimiento adquirido con los convictos en la cárcel no solo fue necesario, sino que marcó un cambio en el proceso investigativo que se estaba usando en la penitenciaría; se dice que al final de unos meses después de haber sido ascendido, ese detective se fue del país y se internó en un convento de monjes franciscanos.

Rectificar a tiempo es un don, cuyo potencial habita dentro de cada persona, usarlo en el momento oportuno es la consecuencia de la autocrítica permanente de cada ser humano.

Andamios del conocimiento

Ingeniería del Conocimiento al respecto de este título trae a colación algunos perfiles (andamios) del conocimiento como son **la necesidad, el pensamiento, el análisis, la motivación, la experiencia, la investigación y la intuición.**

1º. La necesidad. Tales de Mileto (625-597 a. C.), uno de los siete sabios de Grecia, afirma que **la necesidad** es el impulso más fuerte. El siguiente ejemplo tal vez sea más explícito: por causa de un terremoto, dos hombres que se odiaban durante mucho tiempo se encontraron solos en peligro inminente de muerte, entonces estos dos hombres se miraron y mutuamente se pidieron ayuda y fueron quitando los escombros que impedían abrir un boquete para respirar bien y solicitar ayuda. Se dice que, una vez que fueron rescatados por los cuerpos de seguridad y salvamento, estos dos hombres se abrazaron y a partir de ese momento daban gracias a Dios por estar vivos.

2º. El pensamiento. El Intelectualismo (doctrina filosófica que propende la preeminencia de los fenómenos intelectuales sobre los volitivos y afectivos) considera que el **pensamiento** es una fuente de conocimiento. El siguiente ejemplo demuestra cómo el pensamiento se activa en la mente humana ante un conocimiento dado. Una mujer que era cortejada por un hombre fue invitada a entrar a una tasca un fin de semana. Ante la presión impuesta por el hombre para obligarla a entrar a ese bar, llega a la mente de esa joven mujer un pensamiento: «**¿Y si mi esposo está ahí en esa tasca? Hoy es viernes, y él toma licor los viernes**». Para esta mujer, el conocimiento que tiene de su marido (en relación al licor) estimuló en su mente el pensamiento «no debería entrar a esa tasca».

3°. La motivación. Al igual que **la necesidad**, es uno de los impulsos más fuertes de toda acción volitiva. Se cuenta que un profesor ya anciano de setenta y ocho años, ante el desequilibrio económico, social, político y de valores éticos y religiosos de su país, se sentía frustrado y defraudado. Un día, una de sus hijas le dijo: «**Papá, ¿por qué no escribe en un libro todo ese cúmulo de conocimientos que tiene en base a su experiencia como docente? Le aseguro, papá, que ese libro sí se editaría y sería vendido fácilmente**». Se cuenta que ese día, a ese profesor le cambió la vida. Comenzó a demostrar cómo las ideas pueden abrazarse unas con otras hasta formar todo un tejido cognitivo y explicar de esa forma el **porqué de las cosas**. Fue tal el impacto del libro que una de sus hijas que vive en España lo mandó a editar; ahora el profesor tiene una entrada económica fija, pues su hija le gira el dinero de la venta de sus libros. Se cuenta que ese profesor continuó escribiendo y ahora tiene tres diccionarios listos para ser impresos.

4°. El análisis en sí mismo es un generador de conocimientos. Muchos fracasos o éxitos en la vida del ser humano se deben a la carencia o presencia de un oportuno **por qué** o **para qué**, de los cuales depende una inteligente decisión o «un exhaustivo análisis de los hechos».

5°. La experiencia es, sin lugar a dudas, el alma de todo conocimiento. Ella es en sí misma un conocimiento que atrae a otros en forma progresiva y concatenada. El siguiente ejemplo habla por sí solo: en una finca cafetalera, un venerable anciano de mirada triste y de caminar lento, al ver que un joven no había entrado con su camioneta a la finca (como acostumbraba), sino que la había dejado distante en el camino principal, le dijo: «Hijo, **en la confianza está el peligro**»; el joven no le respondió e hizo caso omiso de las palabras del anciano. Después de haber revisado las matas que había sembrado y de haberse despedido de algunos amigos se marchó, pero al llegar al sitio donde había dejado su camioneta, no la encontró; fue entonces cuando el joven se acordó del consejo que le había dicho el anciano. En la confianza está el peligro, pero ya era tarde.

6°. La investigación. El término en sí mismo es una forma de aprendizaje, pues más conocimiento se adquiere en el camino de su búsqueda que al final de ella. En efecto, quien se conforma con el conocimiento adquirido poco a poco se irá enmoheciendo intelectualmente, al igual que una herramienta que no se usa.

7°. La intuición. Para responder a algunos autores que centran la intuición en los valores morales y religiosos, *Ingeniería del Conocimiento* afirma que la intuición es un impulso, es incentivo que llega solo; como un presentimiento, como un aviso que indica el cumplimiento de una acción inmediata.

El siguiente relato define mejor el estímulo espiritual de la intuición. En el año 1998 el señor Antonio había salido de vacaciones de Semana Santa desde Valencia (Venezuela) hacia la casa de su hermano en los Teques (ciudad distante a tres horas de Valencia). El día Viernes Santo todo estaba preparado para un bonito compartir con la familia y amigos; de pronto, a eso de las 11 de la mañana, el señor Antonio se encuentra muy nervioso y le dice a su esposa: «Me voy a Valencia, si quiere se queda usted con los niños, pero yo me voy ya». La esposa, ante este imprevisto, le pregunta: «¿Por qué nos vamos? ¿Qué pasó? ¿Qué le molestó?»; Antonio le respondió: «¡Nada! Todo está magnífico, pero yo me voy ahora». Su esposa, ante esta puntual decisión, sube al vehículo y va con su esposo a Valencia. Al llegar a su casa, Antonio no entra el carro al garaje, sino que lo estaciona frente a su casa y dice: «No salga nadie del carro y no hagan ruido»; después, caminando despacio y mirando hacia los lados, abre con cuidado la puerta principal de la casa y ve que en la sala hay dos cajas embaladas. Luego abre la puerta que lindaba con el jardín del fondo y ve las llaves de la casa pendientes de la reja protectora. Tomó las llaves y, dando gracias a Dios, revisó el área interna y externa de la casa; luego, al ver que no había ningún extraño, volvió al carro y entró su vehículo al garaje con su esposa e hijos. Una vez en la casa encontraron varias cosas embaladas.

El señor Antonio había **intuido** que la casa de Valencia la estaban robando; y, en efecto, si hubiese ignorado ese presentimiento, esa intuición, es probable que al regresar a su casa el domingo no hubiese encontrado ninguno de sus muebles y enseres.

¿Es la intuición una voz interior? ¿O tal vez un tipo de frecuencia divina? No se sabe, pero este relato fue un hecho auténtico que ocurrió en un tiempo y un espacio determinados.

El poder del conocimiento

Entre los seres humanos se conocen tres tipos de poder: el poder de las armas, el poder del dinero y el poder del conocimiento. Los dos primeros poderes empequeñecen o desaparecen en el tiempo; solo el poder del conocimiento se agiganta en el tiempo. *Ingeniería del Conocimiento* trae algunos interrogantes que permiten interpretar mejor el poder del conocimiento, como:

1°. ¿Dónde está el poder del dinero identificado en John Rockefeller (1839-1937), empresario industrial estadounidense con 340 000 millones de dólares, fundador de la «Standard Oil»?

2°. ¿Dónde está el poder de las armas identificado en Napoleón Bonaparte (1769-1821) o Adolfo Hitler (1938-1939)?

3°. En cambio, el poder del conocimiento está activo, identificado en toda la tecnología actual y en todos los científicos que han inmortalizado sus nombres a través de sus inventos dados a la humanidad. Solo él perdura en el tiempo a través de nuevas ideas y descubrimientos. Es el conocimiento quien se enorgullece y se agiganta con nombres como Isaac Newton, Galileo, Arquímedes, Thomas Edison y toda esa pléyade de nobeles que brillan con luz propia en el campo del saber. Mientras los dos primeros poderes se mantienen limitados por las circunstancias, el tercer poder se agiganta día a día a través de la tecnología y la inventiva humana, creando vida y progreso.

En una universidad de Europa frecuentada por estudiantes de diferentes nacionalidades, un profesor hizo las siguientes preguntas a un grupo de alumnos que estaban por finalizar sus diferentes posgrados: «¿Qué quisieran ser ustedes en un futuro? ¿Presidentes de su nación? ¿Empresarios industriales? ¿Gobernadores de un estado? ¿Embajadores de su país? ¿Un Premio Nobel tal vez?».

Las respuestas fueron diversas; muchos señalaron la opción de ser embajadores, otros la de ser gobernadores. Solo una alumna, María Victoria, señaló la opción del Premio Nobel, y agregó: «Desearía ser premio nobel de Medicina o Química para perdurar en el tiempo, a través de un diseño novedoso en el área del conocimiento científico».

Los frutos del conocimiento son incontables, pues están en cada uno de los seres humanos durante todo el espacio-tiempo de cada individuo; en efecto, toda acción y reacción de cada ser vivo, tanto del macrocosmo como del microcosmo, es un fruto del conocimiento que se produce a través de una constante evolución.

El poder del conocimiento abraza todos los mejores estamentos del mundo y es el principal puntal de apoyo de los más nobles y sublimes ideales de la humanidad; porque todo conocimiento, por pequeño que sea, no solo es la presencia de la omnisciencia divina en la Tierra, sino de la infinita sabiduría de Dios en el ser humano.

La página que cambió mi vida

Un joven del séptimo semestre en la facultad medicina deambulaba de un sitio a otro, desanimado y con deseos de abandonar su carrera universitaria por lo difícil de algunas asignaturas. Al pasar frente a una sala de informática, sintió el deseo de entrar a ese local para pasar un rato y hablar con alguien; así que entró y pidió una computadora. Al sentarse, vio que el compañero de al lado buscaba en internet algunas biografías de aspirantes al Récord Guinness, y observó en la pantalla de su vecino el nombre de José Luis Iborte; entonces, por curiosidad, entró en la misma página, porque le llamó la atención el nombre José Luis, que así se llama su hermanito.

Al comenzar a leer la biografía de José Luis Iborte, encontró que es un abogado de ochenta y tres años que aspira a obtener el premio Guinness con diecisiete títulos universitarios. No se sabe qué le impactó más al joven universitario, si la edad de José Luis o la cantidad de títulos universitarios. Al seguir leyendo la biografía, encontró algo que le llamó sensiblemente la atención: Iborte, a la edad de ochenta y tres años, aspira a licenciarse en Filología Semítica cuyas materias son Hebreo, Griego Bíblico, Árabe, Arameo y Sánscrito. Entonces se preguntó: «Si este señor anciano, que tiene ya su vida hecha y a nivel académico tiene catorce licenciaturas en diferentes áreas del conocimiento y tres doctorados, todavía sigue estudiando, ¿qué me está pasando a mí que estoy comenzando la vida y hasta ahora solo voy en el séptimo semestre de Medicina?».

Luego, al seguir leyendo la página, le llamó la atención el título de médico que ostentaba José Luis Iborte, y se preguntó cuál sería el motivo que le llevó a obtener ese título. Al seguir leyendo encontró que un día, cuando trabajaba en el hospital de Bilbao, Iborte hablaba con uno de los médicos acerca de los informes que le entregaban para poder hacer el reclamo pertinente al caso en las compañías de seguros, y el médico le respondió: **«Tú me hablarás de esto a mí cuando tengas tu título de Medicina en la mano»**. El desafío surtió su efecto, y tres años después José Luis Iborte también era doctor en medicina.

Fue tan poderosa la dosis de energía positiva que llegó a la mente del joven universitario que de inmediato tomó su celular y llamó a sus compañeros de equipo para preguntarles dónde se iban a reunir para estudiar. Se sabe que este estudiante del séptimo semestre no solo se graduó de médico cirujano con honores, sino que actualmente cursa estudios de posgrado en una prestigiosa universidad de su país, al tiempo que sigue cursos de inglés por internet.

Tres personas diferentes en la vida

En la raza humana hay tres tipos de personas: primero los que van delante de la vida, segundo los que van con la vida y tercero los que van detrás de la vida. *Ingeniería del Conocimiento* caracteriza a las primeras personas como exitosas; a estas personas les sobra tiempo, siempre llegan a su trabajo antes de la hora, tienen tiempo para revisar cada una de las actividades propias de su área de trabajo porque lo planifican todo, no se cansan porque pueden hacer sus actividades despacio, y si algo no les sale bien como lo habían planificado tienen tiempo para buscar dónde estuvo el error. Homeostáticamente, estas personas son tranquilas, pues administran con sabiduría el tiempo asegurando con ello su éxito emocional, su éxito profesional y su éxito económico. Estas personas saben siempre la fecha de cumpleaños de cada uno de sus compañeros de trabajo y de su entorno familiar, y tienen tiempo para llamarlas y felicitarlas.

A las segundas personas ni les sobra ni les falta tiempo; son personas que van con el momento, que van con la vida. Estas personas van bien si todo les sale bien, pero ante cualquier imprevisto se desesperan y no saben qué hacer; caminan rápido, aceleran el carro, se pasan un semáforo, se les olvidan las cosas (las llaves, algún papel importante y hasta el celular). Este tipo de personas viven en un constante estrés.

Las terceras personas, o sea, los que van detrás de la vida, son víctimas de un permanente desequilibrio emocional, de un constante estrés, de un estado de tensión exagerada por exceso de actividad; para estas personas, *Ingeniería del Conocimiento* les recomienda las siguientes actividades:

1. Pensar antes de actuar. Está comprobado que el que piensa antes de actuar asegura un alto porcentaje de éxito.
2. Nunca decir «tengo que hacer» esto o aquello, sino «quiero hacer». Está comprobado que el que dice «quiero hacer» o «debo hacer», no solo asegura el éxito, sino que vive el momento con alegría porque ama la acción que realiza tanto en su casa como en su trabajo.
3. Antes de irse a dormir anote en un cuaderno lo que piensa hacer el día siguiente, y enumere las actividades por orden de importancia. Está comprobado que la persona que adquiere esta bonita costumbre no solo es ordenada, sino que no se le olvidan las cosas, y, por lo tanto, la suerte lo acompaña.
4. Subraye con un color intenso (resaltador) aquellas diligencias que son prioritarias y coloque su agenda en su mesita de noche.
5. Meta en un bolso todo lo que tenga que llevar antes de salir de casa, mejor si lo hace la noche anterior.
6. No pierda la oportunidad que se le presente, no vaya a ser que otro se le adelante y le quite el espacio.
7. Mándele al cerebro mensajes positivos como «la felicidad no está en hacer lo que uno quiere, sino en querer lo que uno hace».
8. En su trabajo no se ofrezca ni se niegue. Quien analiza lo favorable o no favorable, lo conveniente o no conveniente antes de actuar, asegura el éxito.

Lo difícil de conocerse

Tales de Mileto (625-547 a. C.), uno de los siete sabios de Grecia, afirma que lo más difícil para un ser humano es el conocerse. En efecto, somos un organismo vivo complicado, con reacciones químicas, biológicas, físicas, psíquicas, emocionales, espirituales y sociales en constante cambio. Podemos reír y al rato estar llorando. Podemos amar hoy y odiar mañana. Podemos salvar una vida hoy y quitar una vida mañana. Somos un compuesto de espíritu y de materia; como espíritu somos unos y como materia somos otros.

Somos seres imprevisibles e impredecibles, y es aquí donde se apuntala el problema de conocernos; porque somos más dependientes del entorno que de nosotros mismos. Se ha dado el caso de que una persona que está muy deprimida y angustiada, al estar en un sitio donde todos se están riendo, al rato esa persona también se ríe, o por lo menos está más serena. Todos conocemos el llanto contagioso de un preescolar; si está al lado de un niño que llora, al poco rato su compañero también lo acompaña en el llanto. Los seres humanos nos parecemos mucho los unos a los otros; si vemos a alguien reír sentimos cierto movimiento que nos hace sonreír a nosotros también, si vemos a alguien llorar con sollozos también sentimos cierta angustia. Estamos hechos para articularnos los unos a los otros; somos un todo que depende consustancialmente de cada uno de nuestros sistemas: el muscular, el sanguíneo, el nervioso, el óseo y el inmunógeno. Fuimos hechos bilateralmente: dos ojos, dos orejas, dos piernas, dos brazos, dos fosas nasales, dos testículos, dos ovarios, dos pulmones, dos aurículas, dos venas cavas, dos riñones, dos manos… Esta dicotomía anatómica, hace que nosotros seamos esencialmente interdependientes. Ahora, si la dependencia es un hecho inherente a la necesidad, entonces este hecho como tal es un hecho lógico, es por ello que es inmanente al ser humano. A través de esta premisa se puede inferir que muchos fracasos en la vida tienen su causa en no conocer a tiempo tal o cual debilidad, y tal o cual inclinación o dependencia en nosotros. Es por ello que la experiencia y la prudencia son unas de las facetas del conocimiento más importantes y que mejor nos pueden ayudar a conocernos. En efecto, en el libro de los Proverbios está escrito: «El principio de la sabiduría es trabajar por adquirirla. Y así, a costa de cuanto posees, procura adquirir la prudencia» (Prov 4, 7). Para *Ingeniería del Conocimiento* el conocerse plenamente no es imposible, simplemente es difícil; pero quien lo logra ha obtenido la mayor de las victorias, pues además de no cometer errores tiene garantizado el éxito.

La cercanía de lo distante

Nunca había tenido esta frase tanta vigencia como ahora, con la moderna tecnología internet-celular inteligente. La expresión **«la cercanía de lo distante»** es una bella y triste realidad en la diáspora venezolana. Personas que viviendo en Venezuela eran olvidadas por sus familiares, y ahora cuando se encuentran en otro país no solo comulgan diariamente con el entorno familiar, sino que están presentes en todos los espacios y momentos del hogar. Expresiones como: «nadie sabe lo que tiene hasta que lo pierde» o «no nos habíamos dado cuenta que nuestros hijos eran tan nuestros» se oyen a diario en muchas casas de nuestra querida Venezuela. Ante esta realidad, *Ingeniería del Conocimiento* ha apuntalado este antagonismo de «cercanía» y «distancia», para sostener otra idea antagónica. La razón tiene razones que la razón no entiende. **¿Cómo es que una persona, que en su país no era tomada en cuenta por su familia, ahora que está fuera de su país de origen reúne a los miembros de su familia solo para oír su voz?**

Este es el caso de una joven en cuyo hogar era ignorada por su padre (divorciado) y muy poco tomada en cuenta por su madre (pues toda su atención estaba dirigida a su hijo menor). Bajo este techo emocional terminó su bachillerato e ingresó a la universidad, en la facultad de ciencias de la salud. Su capacidad creativa la hizo incursionar en actividades de recreación infantil donde brilló con luz propia, sin olvidar por ello sus estudios universitarios.

Su tía (una brillante médica cirujana especialista en radiología que ya estaba en Europa) le sugirió la idea de continuar sus estudios allá; esta invitación no solo le cambió su vida de estudiante, sino que le estimuló un ideal intrínseco y le diseño un bello proyecto de vida a la joven. Una vez en Europa, la joven universitaria, que antes no era tomada en cuenta por sus familiares en Venezuela, llenó un vacío familiar tanto en sus padres como en sus abuelos, haciendo cada día más vivo el mensaje de «la cercanía de lo distante».

En la actualidad esta joven está presente en todos los momentos con sus abuelos, con su madre, sus amistades y en cada una de las imágenes sensoriales que dejó en Venezuela. La inestabilidad social e hiperinflación económica venezolana ha marcado a muchas familias venezolanas con el estigma de «lejos y cercano», donde los recuerdos toman vida, crecen, se reproducen y no mueren; una vida que perdura en espacios cibernéticos y solo se hace presente en imágenes y sonidos intangibles. En este ejemplo quedó demostrado que ninguna persona está realmente ausente de otra cuando ella habita en el alma de esa persona; y que nada es totalmente lejano si va atado al conocimiento y pensamiento de la persona que está ausente.

Palabras en mi graduación

Como una escalera de peldaños ígneos, así es la profesión de Ciencias de la Salud o Medicina. Los primeros semestres están llenos de expectativas, de áureas ilusiones, llenos de sabiduría joven. Uno tras otro van armando la estructura de un conocimiento médico; conocimiento que entre palabras nuevas deja después de cada semestre un florilegio de interrogantes (cada cual más exigente que el anterior), donde, al ir hacia adelante chocan; mas, al retroceder, se encuentran para seguir formando la ingeniería del más allá de la patología, de la cirugía o del hallazgo radiológico.

Una escalera de peldaños ígneos, duros como la roca, que poco a poco van cediendo su rudeza con la clara búsqueda de lo que se desea; es decir, cuando el conocimiento se encuentra atado a las páginas de un libro, o a la fortuita **guía de estudio** que antes del examen grita: «**¡Cuidado! Soy una para todos**».

Por eso hoy es un día de aleluyas cuando al mirar en retrospectiva nuestro objetivo profesional nos damos cuenta que en esta urdimbre de vida y muerte, de tener y no tener, de ser médico o paciente, lo que más vale es lo que somos; sacerdotes y sacerdotisas de la vida, seres que, por la etimología del término, somos sagrados y, por ende, no nos debemos a nosotros, sino a los demás. Que no somos en sí lo que creemos, sino en función de las vidas que salvemos. Que el camino del conocimiento es arduo y que en la medida en que dejemos de ser profesionales para convertirnos en científicos investigadores de lo que creemos que somos, en esa misma proporción estaremos siendo útiles, y, por lo tanto, valiosos para una sociedad que no solo nos necesita, sino que se nos va de las manos ante una realidad donde hay más muertes que vidas, más llanto que alegría, más preguntas que respuestas.

Amigas y amigos, las interrogantes jóvenes de nuestros primeros semestres, llenas de áureas ilusiones, hoy han encontrado respuestas, y una de las primeras incógnitas hoy se despeja convertida en una especialidad: **Radiología y Diagnóstico por Imágenes**, una forma de conocimiento para proteger la vida. Despejando, de esta forma, una de nuestras principales incógnitas, la del conocimiento; que en las aulas de la Universidad de Los Andes cristaliza haciendo realidad un ansiado objetivo profesional.

Vaya entonces, al filo de mi idea, la mejor de todas las felicitaciones: no somos dueños de lo que hemos recibido de los que nos precedieron, sino administradores de quienes nos van a seguir; teniendo en cuenta que nosotros somos las manos de Dios Omnipotente para liberar las vidas de la muerte. Pensando en las palabras del Espíritu Santo: «Al que mucho se le da se le exigirá mucho, y al que mucho se le confía se le exigirá mucho más» (Luc., 12, 48). Muchas gracias a todos por haberme oído, que Dios les bendiga.

La semántica como estímulo al conocimiento

Hay palabras que suenan igual (homófonas), pero no significan lo mismo; también hay palabras que tienen una pronunciación parecida (parónimas), pero no significan lo mismo. Es por ello que es importante conocer el significado de las palabras, tanto para escribir como para hablar con propiedad de términos.

A continuación, *Ingeniería del Conocimiento* ha compilado algunos pares de palabras para que usted, amigo lector, someta a prueba su nivel de conocimiento lingüístico; **pero no se preocupe si desconoce sus significados**, pues los encontrará en la siguiente página con la acepción correcta al lado del número que corresponda.

Tabla 1 palabras homónimas o parónimas

N°	Pares	N°	Pares	N°	Pares
1.	Acepción	23.	Absterger	45.	Espiar
2.	Excepción	24.	Abstraer	46.	Expiar
3.	Aferente	25.	asiendo	47.	Tubo
4.	Eferente	26.	asciendo	48.	Tuvo
5.	Asar	27.	Aremos	49.	Revelar
6.	Azar	28.	Haremos	50.	Rebelar
7.	asta	29.	Alexia	51.	Cesión
8.	hasta	30.	Algesia	52.	Sesión
9.	Avía	31.	Sábana	53.	Evolución
10.	Había	32.	Sabana	54.	Involución

N°	Pares	N°	Pares	N°	Pares
11.	Ablando	33.	Bacante	55.	Prolijo
12.	Hablando	34.	Vacante	56.	Prolífico
13.	hacia	35.	Bello	57.	Receptivo
14.	hacía	36.	Vello	58.	Recesivo
15.	absorbencia	37.	Cima	59.	Unívoco
16.	excrecencia	38.	Sima	60.	Biunívoco
17.	Isótopo	39.	Combino	61.	Reticencia
18.	Isótropo	40.	Convino	62.	Resiliencia
19.	Alado	41.	Grabar	63.	Atrepsia
20.	Halado	42.	Gravar	64.	Atresia
21.	Aprender	43.	Echo	65.	Áureo
22.	Aprehender	44.	Hecho	66.	Áurico

Significados de palabras homónimas o parónimas.

1. **Acepción:** cada uno de los sentidos o significados en que se toma una palabra.
2. **Excepción:** acción y efecto de exceptuar. La excepción a la regla.
3. **Aferente:** se dice de un vaso sanguíneo que desemboca en otro o que llega a un órgano; también se dice de un nervio que conduce los estímulos a un determinado **centro.**
4. **Eferente:** se dice de un vaso o de un nervio que conduce o transmite sangre o un impulso nervioso, desde una parte del organismo a la **parte periférica** de él.
5. **Asar:** acción de preparar un alimento poniéndolo en contacto con las brasas.
6. **Azar:** acontecimiento fortuito que sucede de forma imprevista.
7. **Hasta:** palo de lanza. Palo de bandera.

8. **Asta**: preposición separable.

9. **Avía**: acción de preparar o disponer algo para un fin; verbo transitivo; 3ra., persona del singular del presente de indicativo del **verbo aviar**.

10. **Había:** verbo haber; 1ra, y 3ra, persona del singular del copretérito de indicativo.

11. **Ablando:** verbo ablandar; 1ra, persona del singular del presente indicativo.

12. **Hablando:** gerundio del verbo hablar.

13. **Asia**: preposición separable. Una de las 5 partes del mundo.

14. **Hacía:** verbo hacer, 1ra, persona del copretérito del modo indicativo.

15. **Absorbencia:** acción de absorber. En óptica, magnitud que caracteriza el poder de absorción de las radiaciones monocromáticas por parte de una substancia.

16. **Excrecencia:** en Botánica, prominencia debida a un crecimiento parcial y externo del tallo o de otro órgano vegetal que solo afecta a la epidermis o al tejido cortical.

17. **Isótopo**: átomo que pertenece al mismo elemento químico que otro, tiene igual número de protones y electrones, pero distinto número de neutrones.

18. **Isótropo:** en física, dícese del medio cuyas propiedades físicas son idénticas en todas las direcciones.

19. **Alado**: todo lo que tiene alas. Adjetivo calificativo.

20. **Halado:** participio pasivo del verbo halar.

21. **Aprender**: acción de adquirir un conocimiento.

22. **Aprehender:** acción de garrar, asir, coger.

23. **Absterger:** el término se usa en Medicina como sinónimo de limpiar, purificar.

24. **Abstraer:** acción de aislar mentalmente las cualidades de un objeto.

25. **Asiendo**: forma verbal de asir, agarrar.

26. **Asciendo:** del verbo ascender; 1ra, persona del singular.

27. **Aremos**: del verbo arar; acción de labrar la tierra con el arado.

28. **Haremos:** del verbo hacer; 1ra, persona del plural del futuro indicativo.

29. **Alexia**: pérdida de la facultad de leer.

30. **Algesia**: sensibilidad al dolor, (sufijo).

31. **Sábana**: pieza de tejido fino que se usa para vestir la cama.

32. **Sabana**: llanura extensa propia de regiones tropicales.

33. **Bacante:** mujer de moral libertina.

34. **Vacante:** se dice del espacio o sitio desocupado.

35. **Bello**: adjetivo calificativo, es sinónimo de lindo, hermoso.

36. **Vello:** conjunto de pelos cortos y suaves.

37. **Cima**: se dice de la parte más alta de un monte o de un árbol.

38. **Sima:** cavidad grande y muy profunda en la tierra.

39. **Combino:** del verbo combinar (reunir, unir); 3ra, persona del presente indicativo.

40. **Convino:** del verbo convenir (coincidir); 3ra, persona del presente de indicativo.

41. **Grabar:** acción de labrar, perforar, esculpir figuras.

42. **Gravar:** acción de imponer a alguien un gravamen u obligación que afecta a la persona.

43. **Echo**: verbo echar; 1ra, persona del singular del presente indicativo.

44. **Hecho**: del verbo hacer, participio pasivo.

45. **Espiar**: acción de observar en actitud oculta.

46. **Expiar:** acción de borrar una culpa a través de sacrificios.

47. **Tubo**: pieza hueca y cilíndrica generalmente larga que se utiliza para la circulación de un fluido.

48. **Tuvo:** del verbo tener; 3ra, persona del singular del presente de indicativo.

49. **Revelar**: descubrir un secreto; acción de hacer visible la imagen impresa en la placa fotográfica.

50. **Rebelar:** acción se sublevarse contra la autoridad legítima.

51. **Cesión**: en Derecho, transmisión de la propiedad o titularidad de una cosa o derecho a otra persona.

52. **Sesión**: reunión de una asamblea o tribunal.

53. **Evolución:** acción y efecto de evolucionar, cambiar progresivamente.

54. **Involución:** acción de regresión, de ir hacia atrás.

55. **Prolijo**: profuso. Muy extenso y detallado. Muy cuidadoso o esmerado.

56. **Prolífico**: que es capaz de reproducirse. Que tiene facilidad para engendrar.

57. **Receptivo**: en Biología, se dice del organismo que es sensible a la acción de un agente químico, físico u orgánico.

58. **Recesivo**: se dice del gen o carácter hereditario que no se manifiesta en el fenotipo del individuo que lo posee, pero que puede aparecer en su descendencia.

59. **Unívoco:** se dice de la palabra o expresión que tiene siempre un solo significado.

60. **Biunívoco:** en Matemáticas, se dice de la correspondencia que se da entre los elementos de dos conjuntos, de manera que cada elemento se corresponde con solo un

elemento del otro conjunto.

61. **Reticencia**: silencio que se guarda sobre algo que se debe decir.

62. **Resiliencia:** capacidad que tiene una persona para superar circunstancias traumáticas, como la muerte de un ser querido.

63. **Atrepsia:** caquexia producida por desnutrición crónica en los niños privados de lactancia materna.

64. **Atresia:** obstrucción congénita o adquirida de un orificio o canal natural.

65. **Áureo:** que es parecido al oro, dorado.

66. **Áurico**: dícese de un compuesto de oro trivalente, Cloruro Áurico.

Pasos para vencer un problema

La causa de muchos problemas es el estrés; o sea, el ocuparse en ver las cosas negativas antes de que estas aparezcan, o sea preocuparse. En base a esta premisa, *Ingeniería del Conocimiento* ha diseñado los siguientes pasos para encontrar una rápida solución a un problema:

I. Visualizar el problema

Para verlo hay que colocarlo fuera, en otra persona, no en uno, verlo en la distancia haciéndose cuenta de que uno no tiene nada que ver con ese problema. Él es de otro y no tiene nada que ver conmigo.

II. Detallar las causas que engendraron el problema

Familiares. ¿Quién es ese familiar?, ¿vale la pena sufrir por él o ella mientas ellos están tranquilos? ¿Cómo estoy yo?

Sociales. ¿Cómo se llama ese vecino? ¿Antes de conocerlo me preocupaba por él? Entonces no vale la pena que lo tome en cuenta ahora, dándole tanta importancia.

Económicas. ¿Es que mi vida va estar signada solo por el dinero? ¿Qué pasaría si a cambio de un millón de dólares fuera invadido por un cáncer?, ¿De qué valdría ese millón de dólares? Tengo mucho más que dinero, porque tengo salud, ingenio, belleza, amigos y amigas; y lo más importante, tengo vida.

Emocionales. ¿No me ama? Entonces no es merecedor de mi amor, no me conviene.

Físicas. Conozco a personas que han estado en peores condiciones físicas que yo y han triunfado en la vida; voy a demostrar ante todos que puedo sobrellevar este problema físico. Comenzaré siendo el primero en llegar al trabajo, a la universidad y haré que se fijen en mí por mi eficiencia, atención y compañerismo; seguro que sí.

Mentales. Yo creo que mi dolor de cabeza es a causa de la importancia que le estoy dando a las cosas. Voy a realizar mi trabajo lo mejor que pueda, y si persiste este dolor, iré al médico. Nadie va a mentalizarme con cosas raras. Dios es mi único guardián y en él confío. Si me dio vida es para que la disfrute y sea feliz.

III. Focalizar cuál de las causas que generaron el problema es la más poderosa

Se ha comprobado que con solo encontrar el hecho que causó el problema, este comienza a desvanecerse y se inician en la mente ideas de cambio.

IV. Analizar el tiempo que tiene el problema

El tiempo juega un papel importante en la solución de un problema, porque a mayor tiempo, más grande es el problema el cual genera su propio estrés. Es pues potestativo de cada persona permitir que el problema envejezca a su lado; es por ello que hay que extirparlo a tiempo, antes de que este problema nos lleve a la tumba.

V. Estrategias.

1. Ver el problema en otra persona y ver como ha neutralizado la dificultad.
2. Dividir el problema en pedacitos en búsqueda de alternativas para solucionarlo.
3. Ver el problema como una oportunidad y no como una dificultad.
4. Ver el problema sin conexión sentimental sino de forma objetiva.

Columnas del conocimiento

En el diseño arquitectónico del conocimiento, las ideas, al igual que las columnas, tienen la función de servir de apoyo y sostén a la estructura. **Las ideas** son al conocimiento humano lo que las columnas y cimientos son a la seguridad de una estructura urbanística (edificios, puentes).

Las ideas son soportes, son estímulos, son impulsos, son señalizaciones, son elementos del conocimiento que entre sí forman conjuntos organogénicos operativos. Estas ideas, así concebidas, tienen la facultad de hacer crecer, de modificar, de corregir y de vivificar en el tiempo cualquiera que sea el comportamiento humano.

Las ideas son o pueden ser más efectivas y poderosas que un proyectil; en efecto, cualquier artefacto bélico (bala, cohete, misil, granada), una vez que ha sido detonado termina su efecto. **La idea**, en cambio, continúa en el tiempo fortaleciéndose cada vez más en la mente humana. Esta afirmación queda demostrada en el efecto que han tenido en la humanidad todas las corrientes del pensamiento que, con el paso de los siglos aún perduran en el tiempo, en la contemporaneidad.

Ingeniería del Conocimiento, consciente de esta realidad, ha compilado a continuación algunas ideas que son, en sí mismas, reactivos psicótropos para aquellas personas que deseen ser diferentes y crear su propia energía evolutiva, **sus propios «fototropismos».**

Ideas fundacionales que cimientan el conocimiento

1. Hay dos tipos de personas: primero, las que solo ven lo que falta por hacer; segundo las que solo ven lo que está hecho.
2. El valor sin conocimiento es un valor inútil.
3. Solo es útil el conocimiento que nos hace mejores.
4. Quien no añade nada a sus conocimientos se disminuye, se empobrece.
5. La gloria no está en vencer sino en convencer, o sea, vencer-con.
6. La costumbre con la costumbre se vence, porque ¡cuidado! Es polilla para el conocimiento, porque es ella la que destruye los valores.
7. Cumplir el deber por el deber mismo, sin amor a la recompensa ni temor al castigo, es la única forma de ser auténticamente libre.
8. La necesidad es un estímulo para el conocimiento que se adquiere por ensayo y error.
9. Darles mucha importancia a las cosas puede ser cancerígeno.
10. Todos los conocimientos que comienzan por los sentidos pasan por el entendimiento y terminan en la razón.
11. Las palancas que mueven al éxito son el entusiasmo y la motivación.
12. No es importante el que siempre triunfa, sino el que jamás se desanima.

13. En la adversidad es donde conocemos nuestros conocimientos.

14. Rico no es el que tiene muchas cosas, sino el que tiene lo que necesita.

15. No es más rico el que más tiene, sino el que menos necesita.

16. El conocimiento es al ser humano lo que el molde es al barro, le da forma.

17. El que siembra valores en un niño es el verdadero héroe de su país.

18. La felicidad de la vida consiste en tener siempre algo qué hacer y alguien a quien amar.

19. El sabio aprende de sus fracasos.

20. Cada fracaso nos enseña algo que necesitamos aprender.

21. Se dice que el recurso final del hombre destruido es el delito, pero no se dice que la causa de su destrucción está en él mismo por haberle dado demasiada importancia a las cosas.

22. Tres señales distinguen el valor de una persona: la virtud, que lo libera de la necesidad; la sabiduría, que lo libera de la duda; y el carácter, que lo libera del miedo.

23. El que no agradece un pequeño favor, tampoco agradece uno grande.

24. Cuando las armas hablan las palabras callan.

25. La mayor de las victorias es enmendar nuestros propios errores.

26. Las palabras son el vestido de las ideas.

27. Toda persona es dueña de lo que calla y esclava de lo que dice.

28. Se está sembrando cuando se habla, se está cosechando cuando se escucha.

29. Es mejor ser rey de nuestro silencio que esclavo de nuestras palabras.
30. Una persona comienza a desnudarse cuando comienza a hablar.
31. La mejor manera de refutar al que no tiene razón es dejándolo hablar.
32. La verdadera elocuencia consiste en decir solo lo que es preciso.
33. No hay espejo que mejor refleje la imagen de una persona que sus palabras.
34. Decir lo que sentimos no es lo mismo de sentir lo que decimos.
35. Pensar y saber mucho de nada vale si no hacemos u accionamos.
36. El ser humano es como un número en una cantidad, su valor depende de su posición.
37. El ser humano es el único animal que come sin tener hambre y bebe sin tener sed.
38. El peor enemigo del ser humano es él mismo.
39. El ser humano superior piensa siempre en la virtud, el vulgar piensa solo en su comodidad.
40. La grandeza de un ser humano está en saber reconocer su propia pequeñez.
41. De nada vale una frase bonita y bien redactada si no produce un cambio en quien la lee.
42. Una persona es valiosa en la medida que es útil.
43. Sabio no es el que tiene muchas ideas, sino el que pone en práctica al menos una.
44. Lo que cuesta es lo que vale.

45. Los tontos preguntan: «¿el por qué?»; los sabios piensan: «¿Por qué?».

46. No es en las personas, sino en las cosas mismas donde es preciso buscar la verdad.

47. Estar en el camino del éxito es pensar antes de actuar.

48. La felicidad no es HACER lo que uno quiere, sino QUE-RER lo que uno hace.

49. No hay que confundir el conocimiento con la sabiduría: el primero nos permite ganar la vida; la segunda nos ayuda a vivir.

50. Es de prudentes no amenazar o herir el «amor propio» de otro.

51. Hablar de algo malo que pasó es revivir un mal que se había neutralizado en el subconsiente y en el consiente.

52. Hay personas que tienen tres clases de tribulaciones: primero, las que han tenido; segundo, las que tienen; y tercero, las que tendrán porque se lo pasan pensando en ello.

53. No es lo mismo tener el éxito que merecer el éxito.

54. Si creemos plenamente en Dios y en nosotros mismos no hay nadie que nos frene en la persecución del éxito.

55. No es lo que tenemos, sino lo que disfrutamos lo que constituye la abundancia.

56. Es propio de sabios fijarse en lo que es bueno y no en lo que es malo.

57. Amor no es mirarse el uno al otro, sino mirar juntos en la misma dirección.

58. La mente humana es la única que transforma las cosas que siempre han existido en cosas que nunca han existido. Esta realidad es visible a los sabios e invisible a los tontos.

59. Es de sabios elegir entre dos males el menor, para sacar lo poco bueno que haya en él.
60. Es la preocupación por tener o poseer algo lo que impide que el ser humano sea auténticamente libre y honesto.
61. Solo el que se domina a sí mismo puede dominar a otro.
62. Las buenas ideas son capitales que solo producen intereses para los que las ponen en práctica.
63. Lo importante no es tener muchas ideas, sino una idea oportuna para cada caso; al igual que lo importante no es tener muchas herramientas, sino las que se necesitan para reparar un artefacto.
64. Lo peor no es cometer un error, sino justificarlo en vez de aprovecharlo para corregir nuestra ignorancia.
65. El ingenio es al talento lo que el instinto es a la razón.
66. Ser inteligente no es tener muchas ideas, sino sacarle provecho al menos a unas pocas.
67. Ser inteligente es poner en práctica todas las buenas ideas que se tienen.
68. Solo hay un bien, el conocimiento. Solo hay un mal, la ignorancia.
69. Hay tres clases de ignorancia: primera, no saber lo que debiera saberse; segunda, saber mal lo que se sabe; tercera, saber lo que no debiera saberse.
70. Todo hombre sabio ama a la esposa que ha elegido.
71. Las fuerzas naturales que se encuentran dentro de nosotros son las que verdaderamente curan las enfermedades.
72. La llave que se usa constantemente es la que resplandece como la plata, pero si no se usa se llena de herrumbre. Lo mismo pasa con el entendimiento.

73. La mente es todo. Lo que pensamos es lo que llegamos a ser.

74. El factor moral es una verdadera herramienta de progreso.

75. Todos somos iguales ante el deber.

76. El que se domina a sí mismo, sin esfuerzo disipa las dudas de quienes están a su alrededor.

77. Lo más importante no es saber dónde se está, sino a que dirección tiene la propuesta de vida que sea iniciado.

78. Líder es el que hace cosas que los demás no se atreven a hacer.

79. La ocasión hay que crearla, no esperar que llegue.

80. El optimista idealiza a las personas que tiene, el pesimista las critica.

81. Los pensamientos más importantes son los que contradicen nuestros sentimientos.

82. Lo que una persona piensa de sí misma es lo que determina su destino.

83. La burla y hacer que una persona haga el ridículo son las injurias que nunca se perdonan.

84. La mejor forma de resolver un problema es dividirlo en pedacitos.

85. Estar atento al momento de realizar una acción para que todo sea perfecto, es una forma de crecimiento personal.

86. La perseverancia convierte lo imposible en posible, y si es con la ayuda de Dios, más rápido; porque la perseverancia es la que marca la diferencia entre el fracaso y el éxito.

87. No hay decepciones para aquella persona cuya voluntad está cimentada en la voluntad de Dios Padre Todopoderoso.

88. La diferencia entre una persona exitosa y otra que no lo es, muchas veces no es por falta de conocimiento, sino por falta de perseverancia.

89. Si el rostro de la virtud pudiera verse enamoraría a todos.

90. Ningún beneficio hay en este mundo que se iguale a la virtud.

91. Cuanto más virtuosa es una persona, menos vicios ve en los demás.

92. No es lo mismo vivir que existir; el primero piensa y disfruta, el segundo solo ocupa un lugar en el espacio.

93. Vivir no es estar vivo. Piense… ¿por qué?

94. Cada día debería tener el valor de toda una vida.

95. En el lienzo de la vida los humanos podemos pintar, o una obra de arte o un mamarracho. El problema es que ese lienzo es prestado.

96. Si Jesucristo es el camino, la verdad y la vida, entonces hay que seguirlo, hay que oírlo y hay que convidarlo.

97. La vida es un espejo; si sonríes, el espejo te sonreirá.

98. Toda acción que se medita antes de ser realizada lleva la garantía del éxito.

99. Vivir teniendo como si no tuviera es un pensamiento que solo le he regalado a las personas que amo, porque produce un alto porcentaje de tranquilidad y de abundancia.

100. El silencio de los buenos es el éxito de los malos, según Marco Tulio Cicerón (106-43 a. C.): «La verdad se corrompe, o por la mentira o por el silencio».

101. No solo somos responsables por lo que hacemos, sino también por lo que dejamos de hacer.

102. Una mirada profunda, rodeada de silencio, habla por sí sola; pues el silencio es el hábitat de las ideas profundas.

103. La felicidad es un artículo mágico; cuanto más se regala, más le queda a uno.

104. Sin importar lo que haya sucedido debemos compartir, como si nada hubiera sucedido.

105. No ser útil a nadie equivale a no valer nada.

106. Pensar y hablar de las cosas malas que hicieron otros es darles importancia a esos otros y debilitar nuestro espíritu.

107. El que dice lo que no piensa oye lo que no quiere, como respuesta.

108. Una persona con hambre no razona.

109. La diferencia entre una persona de gran espíritu y otra de bajo espíritu está en que el primero es tranquilo y va seguro en lo que hace; y el segundo siempre está preocupado.

110. La persona noble sabe sufrir por los demás y no permite que los demás sufran por ella.

111. Las palabras muchas veces ofenden más que las acciones.

112. El verdadero orador es aquel que trata los temas humildes con delicadeza, las cosas importantes con solemnidad y las cuestiones corrientes con sencillez.

113. El primero de los bienes, después de la salud, es la paz interior.

114. El éxito no está en comenzar una acción, sino en perseverar en ella.

115. En la prosperidad se descubren los vicios, en la adversidad las virtudes.

116. Toda acción buena se fundamenta en la razón.

117. Todo lo que se prohíbe llama la atención.

118. Mucho sabe el que conoce su propia ignorancia.

119. El valor de una persona se convierte en virtud cuando se deja dirigir por la prudencia.

120. Todo capricho nace de la imposición de la voluntad sobre el conocimiento.

121. La confianza en sí mismo es el primer secreto del éxito.

122. No tenemos derecho a juzgar lo que no comprendemos.

123. Más se estima lo que con más trabajo se gana.

124. La fortuna algunas veces se queda con los audaces.

125. La imaginación es de gran importancia para el conocimiento.

126. La hermana de la murmuración es la envidia.

127. No es de sabios ser portadores de malas noticias.

128. Es de sabios no decir todo lo que se piensa, sino pensar todo lo que se dice.

129. El principio de la sabiduría es el temor a Dios.

130. Las buenas acciones vienen de los buenos pensamientos.

131. La razón es un faro de luz en un mar de tinieblas

132. Si renovamos nuestra mente, entonces nos transformaremos.

133. El ser humano no está programado por la naturaleza para elegir, sino para cumplir determinadas funciones.

134. No es posible pensar en una verdad sin asociarla a una perspectiva, ni en un hecho sin encuadrarlo en una interpretación.

135. La ciencia es la fuente de conocimiento más importante que tenemos.

136. Entre el estímulo y la respuesta, el ser humano tiene la libertad interior de elegir, de usar su autoconciencia.

137. Nuestra conducta es una respuesta a nuestras decisiones; pues si tomamos la iniciativa también tenemos la responsabilidad de hacer que las cosas sucedan.

138. Lo más valioso de nuestra experiencia no es la experiencia en sí, sino el modo en que respondemos a lo que experimentamos en la vida.

139. Si los sentimientos controlan nuestras acciones es porque lo hemos permitido.

140. Para crear hábitos de efectividad (como el deseo, el conocimiento) es necesario primero comprometernos con nosotros mismos.

141. Para ser la solución a un problema es necesario plantearse pequeños compromisos para luego mantenerlos.

142. Dar los pasos adecuados en la dirección correcta significa seguridad en lo que se hace; o sea, es ir de camino al éxito.

143. Más felicidad y tranquilidad las obtiene antes el que da que el que recibe.

144. Si yo pierdo tú pierdes, es un falso y peligroso beneficio; porque tanto el bien como el mal que se desea a otro se devuelve.

145. En la naturaleza humana existen dos fuerzas que controlan a una persona: las que frenan y las impulsan. Ambas son necesarias, la sabiduría está en descubrirlas a tiempo.

146. El tiempo es la esencia de la vida.

147. Donde nace la confianza florece el crédito.

148. La felicidad no es hacer lo que uno quiere, sino querer lo que uno hace.

149. La mayor de las victorias es vencerse a uno mismo.

150. La Naturaleza tiene mensajes ocultos que Dios nos manda.

Filosofía del nombre

¿Qué magia tiene el nombre? ¿Por qué hay nombres que atraen, como hermoso, bello, lindo, atractivo, bonito, fabuloso, increíble, angelical, virginal, estupendo; y otros que repelen o alejan como horroroso, maléfico, maligno, feo, nauseabundo, horripilante, catastrófico, indigno, maldito, despreciable, nauseabundo? En efecto, el nombre es el que convierte en valioso o en despreciable al objeto.

Según el lingüista suizo Ferdinand de Saussure (1857-1913): «El **significante** representa una extensión que es mensurable en una sola dimensión, en cambio, el **significado** es el concepto que designa la naturaleza, esencia o sustancia del nombre; teniéndose como lo más importante del nombre, no su morfología, sino su semántica; no su imagen acústica, sino su connotación psíquica», por ello hay nombres que agradan y otros que no agradan. Y, aunque esta primera impresión es acústica, siempre se corresponde con una imagen mental que muchas veces no podemos explicar; sin embargo, el nombre de una persona siempre será significativo en sí mismo.

La siguiente cita bíblica tal vez sea más explícita sobre el significado o filosofía del nombre: **«A los ocho días fueron a circuncidar al niño y le querían poner el nombre de Zacarías como su padre, pero la madre (santa Isabel) se opuso. No, su nombre será Juan. Ellos decían, pero si ninguno de sus parientes se llama así, entonces le preguntaron por señas al padre (porque estaba mudo) cómo quería que**

se llamara el niño. Él pidió una tablilla y escribió: "Juan es su nombre". En ese momento, Zacarías recobró el habla y empezó a bendecir a Dios. Se apoderó el temor de todos los vecinos, en toda la montaña de Judea se contaban todas esas cosas y cuantos las oían, pensativos, decían: "¿Qué vendrá a ser ese niño?", porque, en efecto, la mano del Señor está con él» (Lucas I, 59-65).

Esta cita bíblica designa la importancia del nombre en los designios de Dios dentro de un orden tanto divino como natural, en tanto en cuanto las cosas mantienen en la naturaleza un orden; pero este orden también está sujeto a un nombre (el de las cosas), porque el nombre, en principio, ya es un orden. En otras citas bíblicas, el vocablo **«nombre»**, aparece como sinónimo de «poder», por ejemplo: **«Lo que pidiereis al Padre en mi nombre eso haré, para que el Padre sea glorificado en el Hijo»** (Juan, XIV, 13). Es importante también anotar que muchos nombres se repiten en gobernantes que los han inmortalizado; tal es el caso de Alfonso (nombre de origen alemán antiguo: Adalfuns, que significa **«listo por su nobleza y audacia»**; este nombre lo llevaron reyes de Aragón y Cataluña; reyes en Asturias, Castilla y León; reyes en España; reyes en Portugal. También es digno de mencionar el nombre de Enrique, del alto alemán Heimerich, que significa **«el que gobierna la casa, gobernador poderoso»**, y lo llevaron reyes en Alemania; reyes en Castilla; reyes en Francia; reyes en Inglaterra y príncipes en Portugal.

Es importante anotar que los pseudónimos, los apodos, los motes, los hipocorísticos minimizan la carga positiva del nombre que este pueda traer en el momento de la concepción, por vía de herencia o por patrones ancestrales. Conocidos son los casos de familias donde de tres hijos, «el nene», el más consentido y mimado, es el que no se graduó en la universidad; también son conocidos los casos de familias donde el llamado «papi», o con el diminutivo del padre o de la madre o del abuelo o abuela, es el que progresa menos en el grupo familiar. La causa es una sobreprotección que inhibe las capacidades de superación y minimiza la autoestima. Estos hechos no solo coartan la autoestima, sino que opacan la energía positiva del nombre y la carga homeostática del mismo, heredada de los entes positivos que lo precedieron.

Muchos padres empadronan a sus hijos con el mismo nombre que el de ellos en un afán por que el hijo sea como él o mejor que él, sin tener en cuenta que algunas veces es conveniente no colocar al hijo su nombre, a menos de estar seguro de no heredarle su karma; porque el hijo va a copiar, con impresión de alta fidelidad, todos los comportamientos del padre, resaltando aquellos a los que se inclina por herencia con más intensidad si el hijo lleva el mismo nombre del padre. Todo este comportamiento conlleva una carga emotiva que puede ser negativa o positiva, al igual que en electricidad se inclinará hacia el polo de mayor carga para generar un nuevo comportamiento diferente al anterior. Esta es la razón por la que el que delinque voluntariamente adopta un apodo, un mote, un alias tras el cual se guarece y se oculta; muchos de ellos con nombres de animales o de otros delincuentes a los que ellos admiran.

La pregunta como factor de conocimiento

Toda pregunta conlleva un accesorio de curiosidad, intriga, análisis, compromiso o interés. En sí misma, toda pregunta es inmanente a una respuesta; sobre todo si va antepuesto el pronombre interrogativo «por qué» precedido de la preposición «por». Cuando se infiere una pregunta se busca un conocimiento, o sea, el despeje de una incógnita. Es importante conocer que una pregunta casi nunca viene sola, siempre trae consigo otras que la complementan y, por lo tanto, la comprometen.

Se cuenta que a un procesado que había sido absuelto de toda culpa, cuando salía del tribunal, una señora que estaba limpiando el piso le preguntó: «Señor, ¿usted es al que le dicen "papi"»? El hombre se volteó sorprendido, y mirando a la señora le respondió: «Sí, ¿por qué?». A un joven oficial que lo acompañaba hacia la puerta de salida, profesional del derecho, le llamó la atención tanto el gesto del exconvicto como la respuesta, y al llegar a su casa revisó el caso del procesado. Observó que en ninguno de los alegatos y cuestionarios del sumario aparecía la palabra «papi» como un alias. Este hecho en el sumario lo motivó tanto que de inmediato fue a los tribunales e investigó todo lo relacionado con el que había estado preso y excarcelado el día anterior; al no encontrar ningún indicio sobre el alias que buscaba, fue a la cárcel y pidió investigar a algunos presos que estaban en celdas contiguas a la celda donde antes había estado el que había quedado en libertad. Ya dentro de la cárcel, uno de los presos le preguntó: «¿Eres tú amigo del papi?», el joven abogado quedó confundido e impresionado, luego miró al preso y le preguntó: «¿Por qué lo llaman papi?». El preso le respondió: «Ay…, ese ni siquiera tiene hijos, y se hacía llamar papi porque seducía a las niñas con regalos hasta lograr que ellas confiaran en él, para después satisfacerse sexualmente, pero como es amigo del fiscal lo excarcelaron».

Este testimonio del preso y excompañero de celda fue suficiente para que el joven abogado reactivara el caso e introdujera de inmediato un **habeas corpus,** por lo que *ipso facto* se activó el expediente que tenía relación con el procesado. Este hecho permitió que la orden de aprehensión se acelerara minimizando los trámites legales y administrativos; además, el joven abogado (aunque no era de su competencia), introdujo una recusación ante el juez que había absuelto al procesado, basándose en el testimonio del preso compañero de celda.

Se conoce que a los pocos días el seductor y violador de niñas había sido nuevamente preso y sentenciado a cumplir no solo su condena anterior, sino otros años más por soborno al fiscal.

El mensaje de la gota de agua

El conocimiento es como una gota de agua; su peso es ínfimo, y no obstante perfora una roca de granito. Esta acción no se debe a su peso ni tampoco a la ley de gravedad, se debe a la persistencia de la gota al caer en un mismo sitio. Ser persistente en la acción es asegurar el éxito en cualquier actividad por difícil que sea.

La causa de este éxito se apuntala en el hecho de que el conocimiento está en constante evolución y es polifacético. Un ejemplo elocuente de esta afirmación, es el caso de Demóstenes (384-322 a. C.). Este eminente griego tenía un problema de dislalia (trastorno en la articulación de los fonemas por mal uso de los órganos articulatorios); y se dice que todos los días se iba a la playa y se colocaba una piedrecita debajo de la lengua para luego comenzar a leer en voz alta sus discursos y máximas. Este ejercicio cotidiano le permitió a Demóstenes lograr un perfecto dominio de la dicción hasta llegar a ser el orador más importante y eximio de Atenas, en la antigua Grecia. Este ejemplo demuestra que no importa cuál sea la causa del problema, pues solo se necesita constancia y más constancia para lograr el éxito.

Los extremos de la vida

Principio y fin, nacimiento y muerte, alegría y tristeza; tal pareciera que la vida es un antagonismo. *Ingeniería del Conocimiento* trae a la reflexión estos dos eventos de la vida para demostrar que el conocimiento existe en el ser en cada una de estas dos realidades. En efecto, se nace con una porción de elementos hereditarios (leyes de Mendel [1822 - 1884]), este es un conocimiento que evoluciona en una simbiosis hecha realidad en un óvulo y un espermatozoide, en dos células sexuales que se unen y forman un nuevo ser; este es un conocimiento inicial en un proceso genesíaco. Esta información inicial es en sí misma una forma de creación, pues el ser en potencia ya cuenta con todas las características de color, forma, estructura, materia, espíritu y evolución. Este ser en potencia ya trae toda una programación en el espacio-tiempo, o lo que es lo mismo, ya trae un conocimiento inicial.

El segundo extremo de la vida o la muerte es la resultante también de un proceso o conocimiento concatenado dentro de un ciclo espacio-tiempo, marcado tanto por la evolución como por la presencia de partículas elementales positivas o negativas que en constante movimiento se transforman. Este proceso bioquímico es en sí mismo una forma de conocimiento natural que se manifiesta a través de una forma de vida microscópica que obedece a leyes naturales a las que está sujeta toda materia orgánica en descomposición.

El «yo» de ahora

Cada uno de los seres humanos es distinto cada año, cada mes, cada día. Somos un organismo en constante movimiento, y si hay movimiento, entonces hay cambios. Nuestros sistemas (venoso, linfático, óseo, muscular, nervioso, etc.) están en constante actividad bioquímica. Nuestras acciones y reacciones y nuestras emociones no son las mismas en la mañana o en la tarde o en la noche. Es por ello que es tan importante **el yo de ahora**; pues lo importante de un evento (psíquico, físico, social o religioso) no es el evento en sí, sino la importancia que yo le doy ahora, en este presente.

Haber cumplido los quince años, los treinta, o cuarenta o setenta años, no importa; lo que importa es el momento presente en cada una de las frecuencias «espacio-tiempo». Ahora soy, mañana tal vez no sea; porque el «ayer» desaparece como una sombra cuando aparece la luz del **«ahora»**. Qué importa lo que pasó, simplemente murió; y pensar en ello es revivir a un muerto, lo cual puede ser nauseabundo. Vivir el ahora es estar ocupado en algo útil (y si es útil es valioso); dando gracias a Dios Omnipotente por el momento de vida que me regala. Esto es positivo, energiza el cuerpo y el espíritu, y nos lleva al éxito.

Efectos del entorno

Las cosas cambian si todos hacen su parte; hacer lo que cada persona tiene que hacer, en sí mismo es progreso; porque cuando uno no puede cambiar algo lo mejor es aceptarlo; porque hay varias maneras de ver una realidad como, por ejemplo, desde aquí se ve un seis (6), desde allá se ve un nueve (9). Es por ello que muchas veces un problema no siempre es negativo; tal vez puede ser una enseñanza, porque el problema «no es el problema», sino la forma como se lo ve; y si vivimos en red es imposible que podamos huir de la realidad. Se ha comprobado que muchas de las ideas de la persona que está a mi lado pueden ser captadas por mi mente, y entonces puede producirse, o una **«sinapsis»** o un **«cortocircuito»**. En el primer caso, se produce energía positiva (empatía), en el segundo caso se produce energía negativa (rechazo). *Ingeniería del Conocimiento* sugiere que, después de un día emocionalmente difícil, es conveniente dejar fuera del hogar, fuera de la casa toda esa energía negativa, todo ese estrés, todo ese entorno; porque no se sabe al llegar qué hay dentro de la casa, qué se puede encontrar dentro de la familia.

Se cuenta que el esposo, en una pareja que había sido muy feliz y se disponía a tener un hijo, salió muy temprano y motivado de su apartamento a su trabajo (una línea de taxis que recorría una ruta interurbana). Después de estar sentado en espera de posibles clientes, tuvo un altercado con uno de sus compañeros de trabajo; más tarde, cuando iba conduciendo, tuvo una discusión con uno de los pasajeros por un cambio en el dinero. Ya al atardecer, se dirigió a su apartamento que estaba relativamente cerca del sitio de la oficina de la línea de taxis; al llegar al apartamento y abrir la puerta vio a su esposa abrazando a un hombre (era un familiar de su esposa que no conocía). Entonces, furioso y sin control, increpó al hombre y lo empujó, con tan mala suerte que al caer rodó por las escaleras y se fracturó el cráneo quedando inconsciente; de inmediato su esposa y unos vecinos lo llevaron al puesto asistencial más cercano donde llegó sin signos vitales.

Si este joven hubiese dejado en la entrada del edificio (antes de subir a su apartamento) toda esa carga de energía negativa que traía, producto de las desavenencias que había tenido en el trabajo, y hubiese agradecido a Dios por haberle regalado una esposa, una vivienda y un presente para disfrutarlo, entonces ahora no estaría preso por la muerte del familiar de su esposa. Agradecer a Dios todos los días los regalos que nos ha dado es una bonita forma de vivir y de no cometer errores, pues el entorno es esa realidad que nos rodea y que tiene el color y la forma como nosotros lo veamos.

El antes y el después en la comunicación

Cuando se dice **lo que se va a hacer** y cuando se dice **lo que se ha hecho**, son dos formas de comunicación que traen consigo su propia personalidad. Estas dos formas expresivas tienen ante el gran público oyente no solo respuestas específicas, sino formas de interpretación diferentes.

En el primer caso, cuando se comunica **lo que se va a hacer**, se está publicitando un futuro y una forma de mostrarse; o sea, es una manera demagógica de comunicarse con el pueblo. En el segundo caso cuando se comunica **lo que se ha hecho** a través de imágenes por los medios de comunicación, también es una forma de promocionarse en base a una solución o a una respuesta.

En el primer caso, se atisba un posible engaño porque la realidad no está presente; en el segundo caso, aparece una forma de seducción camuflada en una realidad que está presente. En estos dos casos se evidencia el deseo de promocionarse, pues **se hace ver un deber como un favor**. Estas dos formas de comunicación son usadas por los gobiernos populistas con resultados impredecibles muchas veces, pues en ambas facetas del conocimiento está presente la necesidad de un bien, la cual es usada en provecho propio y no en favor del pueblo.

La promesa como garante de crédito

Toda promesa es en sí un compromiso; cumplir una promesa es una garantía, tanto para el que se beneficia de lo prometido como para quien promete. Esta garantía es la llave que abre la puerta de la confianza, sobre todo cuando la esperanza se ha perdido a través de diferentes formas de corrupción en lo social, en lo político, en lo económico, en lo educativo. Prometer y cumplir es garantía de seguridad, porque toda promesa cumplida genera equilibrio emocional, social, económico y ético; y, por lo tanto, confianza. Es entonces esta equidad la base de todo equilibrio en el ser humano, porque donde nace la confianza florece la seguridad, florece el crédito; y, por ende, desaparece la intranquilidad y la frustración.

Muchos eventos importantes (como el matrimonio) se destruyen por promesas no cumplidas; pues al desaparecer la confianza entre las partes, aparece la sombra del ventajista, del oportunista o del individualista. En el mundo de los negocios también se hace presente la **promesa no cumplida** como causa de desconfianza, lo que trae como consecuencia la ruptura de convenios. En una «sociedad en comandita», por ejemplo, si el socio que aportó el capital ve frenadas las expectativas de crecimiento económico de su inversión por incumplimiento de alguna de las cláusulas del contrato, es evidente que esta sociedad comercial propenda a ser eliminada en muy corto plazo. Porque todo contrato tiene fuerza de ley.

La mejor palabra es el silencio

Adriana y Paco cohabitaban un bello apartamento en una zona residencial de Mérida, Venezuela; eran dos personas socialmente felices que iban y venían a sus respectivos trabajos. Les quedaba tiempo para vivir su vida conyugal en perfecta armonía, dentro de un clima de espera y de emoción; porque habían planificado tener un hijo después de tres años de matrimonio.

Un día, después de un arduo trabajo, ambos llegaron al apartamento y, tal vez, por el cansancio o por el estrés, Adriana no fue cariñosa con Paco como acostumbraba. Es el caso que, Paco, de temperamento impulsivo, comenzó a hablar en voz fuerte, mostrando con ello su grado de inconformidad con su esposa. Tanto fue así que, empezó a ofenderla de palabras, tirando objetos que estaban en la mesa al suelo, el desequilibrio emocional de Paco se exacerbó más cuando al entrar a su alcoba matrimonial, encontró debajo de la cama una foto de un joven.

No hubo más palabras; Paco, de un tirón, abrió la puerta del apartamento y se fue. Al día siguiente, llegaba al apartamento un policía con un citatorio; donde le instaba a la Sra. Adriana, presentarse al tribunal para firmar los papeles del divorcio. Adriana al leer el comunicado, sólo oró a Dios y, dejó el caso en manos de la Voluntad Divina. El divorcio se efectuó al poco tiempo, porque Paco, además de abogado, era también muy amigo del juez de Distrito.

Pasaron dos años; para Adriana fue mucho tiempo, pero ella sólo callaba y oraba a Dios, cada vez que iba y venía de su trabajo.

Un día, al comienzo del mes de diciembre, tocaron el timbre del apartamento donde vivía Adriana. Era Paco, quien, con un ramo de rosas y las escrituras a nombre de Adriana, se presentaba. Adriana quedó estupefacta y solo le dijo: Pase adelante; pero él, después de darle el ramo de rosas y el documento, se alejó.

Adriana no sabía qué hacer; si leer la nota escrita en el ramo o sentarse a llorar. Después de unos minutos, leyó la esquela que decía: «gracias Adriana, mi amor, por tu silencio; me enteré que el joven de la foto es tu hermano; un miembro de tu familia que no conocía; perdóname el haberme separado de ti; sé que no la merezco; sin embargo, es difícil que me vuelva a casar; porque creo que no haya ninguna otra mujer que sea como tú. Compré este inmueble a su nombre porque bien te lo mereces. Gracias por los momentos felices que compartimos».

La moraleja de este ítem queda a elección del lector, porque el silencio puede ser: ruego, miedo, insulto o prudencia.

Verdades

- Se afirma en este libro que una frase bonita y bien redactada, si no produce un cambio cognitivo en el lector no sirve de nada.

- También es importante señalar que resaltar o subrayar una frase en el libro que se está leyendo se hace porque esa frase o esa idea le ha llamado la atención más que otras; el hecho de subrayarla es un indicador positivo, pues esa frase ya ha llegado al conocimiento del lector.

- Cuando se dice que una idea produjo un cambio en una persona se está afirmando que esa persona necesitaba lo que encontró.

- Hay escritores cuyos libros solo se encuentran en editoriales selectas, estos son los mensajes que están en la mente de los lectores, por eso no están en las librerías.

- Es por ello que *Ingeniería del Conocimiento*, consciente de esta verdad, abre las siguientes ventanas del conocimiento para que usted, apreciado lector, se asome a ellas con la intención de coadyuvar en su crecimiento intelectual produciendo un cambio; de no lograrse este objetivo se habrá perdido un valioso tiempo.

- El conocimiento en cada persona ya existe antes de nacer a través de un tipo de inducción biológica. En efecto, las diversas partes de un germen embrionario en desarrollo son gobernadas en su morfología y crecimiento por zonas rectoras; es decir, que antes de nacer ya existe en el ser humano un tipo de conocimiento innato.

Las siete ventanas del conocimiento

PRIMERA VENTANA. El pensamiento platónico.
En algún tiempo nos pasa algo que nos convierte en filósofos, como la muerte de una persona amada, el fracaso de un proyecto profesional, la derrota de una esperanza política… La realidad que vemos y que vivimos se organiza en base a ideas, conceptos y nociones. La mayor parte del vocabulario filosófico (el de las ideas, los conceptos y las definiciones) proviene de los métodos de Platón. En efecto, es el primer filósofo que distingue cuatro grados en el conocimiento humano: primero, la suposición; segundo, la opinión; tercero, la inteligencia científica; y cuarto, la razón filosófica. Es también el primer humano que fundamenta la dialéctica en la teoría de la reminiscencia, sobre la cual afirma que el alma, antes de encarnar en el cuerpo, ya había preexistido en el mundo de las ideas; por eso nosotros no conocemos, simplemente recordamos.

SEGUNDA VENTANA. El pensamiento aristotélico.
Es Aristóteles quien afirma que nuestros conocimientos primero parten de los sentidos, de la experiencia, y una vez que los hemos captado en nuestro conocimiento sensible, nuestra inteligencia puede realizar una tarea de abstracción. Es por ello que, «cuando hacemos lo que sabemos, pero no sabemos del todo lo que hacemos, entonces nuestro acto no es del todo voluntario».

Para Aristóteles, «la vida debe ser una búsqueda reflexiva en el tiempo sobre la libertad y la felicidad, porque vivir de acuerdo con la razón difiere de vivir de acuerdo con las pasiones; así como el desear lo que es noble difiere del deseo de lo que parece útil».

Según este filósofo, si todos los seres humanos se esforzaran en realizar acciones nobles, entonces todas las necesidades comunes serían satisfechas y cada individuo poseería los mayores bienes a través del valor de la virtud; porque las virtudes están en el término medio entre **el exceso** y **el defecto**.

Fue Aristóteles quien abrió las ventanas de «sustancia», «accidente», «potencia», «análisis», «síntesis» como herramientas conceptuales en el conocimiento, que todavía seguimos utilizando.

TERCERA VENTANA. El pensamiento tomista. *Ingeniería del Conocimiento* no puede pasar por alto el hecho tan importante desde el punto de vista científico y religioso, como es la demostración que hace santo Tomás de Aquino de la existencia de Dios.

- **El movimiento,** todo lo que se mueve es movido por otra cosa, y esta, a su vez, por otra, como una serie infinita de motores; de donde se colige que debe haber un primer motor que es Dios.
- **La causa eficiente,** todo lo que es, tiene una causa, y esta, a su vez, tiene otra, y así podemos remontarnos a una primera causa eficiente, porque no hay cosa alguna que sea su propia causa; entonces se colige que esta primera causa eficiente es Dios.
- **La causa contingente o necesaria,** debe haber un ser necesario que es la razón de que los seres contingentes lleguen a ser, porque lo que no existe no empieza a existir

sino en virtud de lo que ya existe; entonces debe haber alguien que sea necesario por sí mismo y que no tenga fuera de sí la causa de su necesidad, y ese ser es Dios.

- **Perfección,** decimos que algo es mejor que otro o más justo que otro apoyándonos en una jerarquía; también vemos que los seres son más o menos perfectos, pero el más o el menos se atribuye a las cosas por su proximidad con lo máximo, con lo más grande, y ese algo último supremo y óptimo es Dios.

- **Orden en una dirección,** las cosas en la naturaleza actúan obedeciendo a un orden, porque los seres vivos: nacen, crecen, se reproducen y mueren; como si obedecieran a un plan o a un fin, pero esto supone un arquetipo, un ordenador, o sea, una causa inteligente, el fin hacia lo que tiende todo en última instancia y que rige todo el proceso del Universo, y ese ordenador es Dios.

CUARTA VENTANA. El pensamiento religioso. Las Sagradas Escrituras, para los seres humanos están contenidas en la Sagrada Biblia y en el Talmud. Estas dos fuentes de conocimiento unen a la raza humana a través de la Fe, dogmas, creencias y ceremonias características practicadas por católicos en la Iglesia fundada por Jesucristo (cristianismo); por la religión judía (judaísmo) y por la religión de los musulmanes (islamismo).

QUINTA VENTANA. La Naturaleza. Si miramos a nuestro alrededor vemos vida, movimiento, energía, tropismos. Hasta en un ser en descomposición (vegetal o animal) observamos vida, movimiento (seres que coadyuvan al proceso de biodegradación).

La Naturaleza en sí misma es la **epigénesis del conocimiento**. Basta con observar la vida de una planta, de una flor, de un fruto, de una raíz; de un felino buscando alimento para su familia, de una madre en gestación o en su alumbramiento para darnos cuenta de que todo esto son las imágenes y voces del conocimiento hecho realidad a través de diferentes formas de vida.

SEXTA VENTANA. El alma y el espíritu. Estos dos entes intangibles son y serán en sí mismos conocimiento, solo que en algunos seres vivos la materia les impide o frena el hecho de manifestarse (teoría de la reminiscencia, que afirma que los seres humanos teníamos un conocimiento que hemos olvidado). Todo lo que es vida es sinónimo de alma, así como todo lo que es movimiento es sinónimo de espíritu; porque cada espacio de la creación también es un espacio de alma y espíritu. A través de estos dos entes inmanentes a lo divino todo es, o puede ser, y convertirse en conocimiento en el mundo de las ideas.

SÉPTIMA VENTANA. La mente humana y el instinto animal. Estas dos fuerzas de cambio en sí mismas son causas de conocimiento. En el ser humano, es la mente la que puede transformar las cosas que siempre han existido en cosas que nunca habían existido; así como en el animal el instinto es causa de sobrevivencia de la especie.

La mente y la razón se unen para engendrar conocimiento en un ser creado por Dios Omnipotente y Eterno, que bien pudo habernos creado con otras formas físicas y otras formas de sobrevivencia; y si hubiese sido así, entonces no podríamos apreciar la magnificencia de Dios en sus criaturas.

Artífices del conocimiento

Nombre del científico	Aporte al conocimiento humano
Adrian, Edgar Douglas; electrofísico británico	Demostró la **propagación del impulso nervioso** en una sola fibra aferente.
Ampère, André-Marie; físico francés	Inventó el electroimán y el telégrafo eléctrico.
Anderson, Carl David; físico norteamericano	Descubrió el positrón (1932).
Appleton, Edward Victor; físico británico	Es coinventor del radar.
Arber, Werner; microbiólogo suizo	Impulsó la ingeniería genética y amplió los conocimientos en bacteriología.
Aston, Francis William; físico británico	Descubrió la existencia de los isótopos de los elementos químicos.
Abogadro, Amedeo; químico y físico italiano	Sentó las bases de la química con la ley según la cual existe el mismo número de moléculas en volúmenes iguales de gases diferentes, a la misma temperatura y a la misma presión.
Baltimore, David; microbiólogo estadounidense	Descubrió la enzima transcriptasa inversa, encargada de transformar el ARN en ADN.
Banting, Frederick Grant; médico canadiense	Es uno de los descubridores de la insulina.

Bardeen, John; físico estadounidense	Creó la teoría de la superconductividad y aplicó el efecto transistor.
Barkla, Charles Glover; físico británico	Su aportación científica se apuntala en sus avanzadas investigaciones sobre los rayos X y las ondas radioeléctricas.
Barlow, Peter; científico británico	Ideó la rueda de Barlow (1828), prototipo del motor eléctrico; y la lente de Barlow (usada en telescopios).
Barton, Derek Harold Richard; químico británico	Realizó avanzadas investigaciones sobre la conformación de las moléculas y las relaciones entre estas y la reactividad química.
Becquerel, Henri B.; físico francés	Es el descubridor de la radiactividad.
Berners-Lee, Timothy; informático británico	Inventó el World Wide Web (WWW); el cual quedó al servicio de los usuarios de internet a partir de 1991.
Bordet, Jules; microbiólogo belga	Descubrió el **Bordetellapertussis**, que es un cocobacilo gramnegativo agente causal de la tos ferina.
Bothe, Walther; físico alemán	Identificó y descubrió los neutrones.
Boyle, Robert; físico y químico irlandés	Enunció la ley de compresibilidad de los gases y descubrió la función del oxígeno en las combustiones y la respiración.

Henry Bragg, William; físico británico	Construyó el primer espectrógrafo de alta frecuencia
Braun, Karl Ferdinand; físico alemán	Inventó el oscilógrafo catódico.
Brenner, Sydney; biólogo británico	Participó en el ARN mensajero y descubrió el código genético.
Brown, Herbert Charles; químico estadounidense	Fue el iniciador en la investigación de los hidruros y los compuestos de boro como reactivos en síntesis orgánica.
Cardona, Manuel; físico español	Analizó los semiconductores en términos de interacciones electrónicas.
Cavendish, Henry; físico y químico británico	Fue uno de los creadores de la electrostática, aisló el hidrógeno.
Chadwick James físico británico	Descubrió la naturaleza del neutrón.
ChainErnest Boris bioquímico británico	Es uno de los descubridores de la penicilina.
Camberlain Owen físico estadounidense	Es uno de los descubridores del antiprotón.
Chatelier Henry Le químico francés	Es el creador del análisis térmico y de la metalografía microscópica.
Cockcroft John Douglas físico británico	Realizó la primera transmutación de átomos mediante partículas aceleradas artificialmente.
Cohen Tannoudji Claude físico francés	Contribuyó al conocimiento de la interfase entre radiación y materia.

Comptom Arthur Holly físico estadounidense	Descubrió el aumento de longitud de onda de los rayos X difundidos por átomos ligeros.
Convit García Jacinto médico y científico venezolano	Es el descubridor de la vacuna contra la lepra. Permitió erradicar la lepra tanto de Venezuela como de varios países de Latinoamérica.
Cornforth John Warcup químico australiano	Investigó la biosíntesis de los esteroides.
Couper Archibald Scott químico británico	Descubrió la tetravalencia del carbono y fue uno de los fundadores de la química orgánica moderna.
Crick, Francis Henry C.; biólogo británico	Es uno de los descubridores de la estructura en doble hélice del ADN.
Crookes, William; químico y físico británico	Descubrió el elemento químico talio (1861); demostró que los rayos catódicos son partículas eléctricas.
Curie, Marie; física francesa	Descubrió la radiactividad del torio y aisló el radio.
Curie, Pierre; físico francés	Descubrió la piezoelectricidad (1860).
Dausset, Jean; médico francés	Descubrió el sistema de antígenos KLA (grupos hísticos y leucocitarios).
Davisson, Clinton Joseph físico estadounidense	Descubrió la difracción de los electrones por los cristales.
Dehmelt, Hans Georg; físico estadounidense	Sus investigaciones en relación a la espectroscopia atómica fueron determinantes para observar y aislar un electrón.

Dirac, Paul; físico británico	Previó la existencia del electrón positivo o positrón.
Domagk, Gerhard; médico alemán	Descubrió la primera sulfamida utilizada en terapéutica.
Doppler, Christian; físico austríaco	Descubrió la variación de frecuencia del sonido cuando una fuente sonora se desplaza con respecto a un observador (efecto Doppler).
Dutrochet, René; biólogo francés	Es uno de los fundadores de la biología celular.
Edison, Thomas Alva; inventor estadounidense	Inventó el telégrafo doble (1863; el fonógrafo y el microteléfono (1877); la lámpara incandescente (1878); sentó las bases de los tubos electrónicos.
Edwards, Robert Geoffrey; biólogo británico	Logró la primera fecundación *in vitro* de un bebé probeta, el 25 de julio de 1978.
Einstein, Albert; físico alemán	Es el autor de la teoría de la relatividad que permitió el invento de la bomba atómica.
Einthoven, Willen; fisiólogo neerlandés	Inventó la electrocardiografía.
Delhúyar y Lubice, Juan José; metalúrgico y químico español	Conjuntamente con su hermano Fausto, consiguió aislar el wolframio (tungsteno).
Esaki, Leo; físico japonés	Fue el primero en obtener el efecto túnel de los electrones en un semiconductor (1957).

Falopio, Gabriele; cirujano italiano	Dio su nombre a dos de sus inventos: la trompa de Falopio en el sistema uterino y el acueducto de Falopio en el oído interno.
Fermi, Enrico; físico italiano	Construyó la primera pila de uranio (1942); fue uno de los iniciadores de la física de partículas.
Fernández Morán, Humberto; fisiólogo venezolano	Es el fundador en 1954 del I.V.I.C. (Instituto Venezolano de Investigaciones Científicas). Es el creador del bisturí de diamante para cortes ultrafinos.
Finsen, Niels; médico y biólogo danés	Demostró las aplicaciones terapéuticas de la luz y de las radiaciones ultravioleta. Es el fundador de la actinoterapia y la fototerapia.
Fischer, Emil; químico alemán	Estableció una unión entre la química orgánica, la estereoquímica y la biología. Realizó la síntesis de varios azúcares.
Fischer, Ernst Otto; químico alemán	Sentó las bases de la química de los complejos organometálicos de transición.
Fischer, Hans; químico alemán	Demostró la composición de la hemoglobina y realizó la síntesis de la hematina (1929).
Fleming, Alexander; médico británico	Descubrió la penicilina (1928).
Foucault, Léon; físico francés	Inventó el giroscopio. Determinó la velocidad de la luz en diversos medios.

Franck, James; físico estadounidense	Es el descubridor de la luminiscencia.
Freud, Sigmund médico y psiquiatra austríaco	Es el fundador del psicoanálisis.
Galilei, Galileo; científico italiano	Sentó las bases de la mecánica moderna.
Galton, Francis; fisiólogo británico	Fue uno de los fundadores de la eugenesia y de la psicología diferencial. Es el científico que estableció la inalterabilidad y unicidad de las huellas digitales.
Gell-Mann, Murray; físico estadounidense	Contribuyó a la clasificación de las partículas con interacciones fuertes o «hadrones». Denominó «quarks» a un tipo de partícula elemental.
Gilbert, Walter; bioquímico estadounidense	Aisló la proteína que tiene la función de represor en el control genético (1966).
Glaser, Donald Arthur; físico estadounidense	Inventó la cámara de burbujas que permite detectar las partículas de energía elevada.
Goldschmidt, Victor Moritz; geólogo noruego	Clasificó los elementos químicos según sus afinidades. Es el creador de la geoquímica moderna.
Golgi, Camilo; médico e histólogo italiano	Descubrió un órgano fundamental de la célula nerviosa que denominó «aparato de Golgi».
Guillemin, Roger; médico estadounidense	Precisó la estructura de las hormonas del hipotálamo y aisló las endorfinas.

Hahn, Otto; químico y físico alemán	Descubrió el elemento químico protactinio (1917); también descubrió el fenómeno de isomería nuclear.
Hamilton, William Rowan; matemático y físico irlandés	Es el creador de la dinámica del cálculo de las variaciones y la resolución de las ecuaciones diferenciales.
Hausen, Harold; médico alemán	Descubrió los papilomavirus humanos causantes del cáncer del cuello uterino.
Helmholtz, Hermann; físico y fisiólogo alemán	Introdujo la noción de energía potencial (1847). Midió la velocidad del impulso nervioso.
Henry, Joseph; físico estadounidense	Es el descubridor de la autoinducción (1832), circuito fundamental en electromagnetismo.
Herschbach Dudley, Robert; químico estadounidense	Inventó una técnica de estudio de moléculas de una reacción química a través de velocidades supersónicas.
Herschel, William; astrónomo británico	Descubrió el planeta Urano (1781), dos de sus satélites (1787) y dos satélites de Saturno.
Hertz, Heinrich; físico alemán	Sentó las bases de la telegrafía inalámbrica.
Herzberg, Gerhard; físico y químico canadiense	Determinó la estructura electrónica y la geométrica de los átomos, las moléculas y los radicales libres.
Hesse, Victor; físico estadounidense	Descubrió los rayos cósmicos en 1912.

Hevesy, George Charles; químico sueco	Es el descubridor del elemento químico hafnio.
Hittorf, Wilhelm; físico alemán	Es el descubridor de los rayos catódicos.
Hollerith, Hermann: ingeniero estadounidense	Inventó las máquinas estadísticas de tarjetas perforadas (1880) y sentó las bases de la empresa IBM.
Hopkins, Frederick Cowland; bioquímico británico	Fue el primero en descubrir la importancia de las vitaminas.
Houssay, Bernardo Alberto; médico argentino	Fue el primero en descubrir la función del lóbulo anterior de la hipófisis en el metabolismo de los hidratos de carbono.
Ingen-Husz, Johannes; físico neerlandés	Es el descubridor de la fotosíntesis.
Kamerlingh Onnes, Heike; físico neerlandés	Realizó la licuefacción del helio y descubrió la superconductividad (1911).
Kármán, Theodore; ingeniero estadounidense	Sentó las bases de la astronáutica estadounidense.
Kekulé von Stradonitz, Friedrich August; químico alemán	Es el creador de la teoría de la cuadrivalencia del carbono (1857) y estableció la fórmula hexagonal del benceno.
Kelvin, William Thomson; físico británico	Ideó el galvanómetro de imán móvil y en 1852 descubrió el enfriamiento de los gases por expansión.
Kendal Harry Way físico estadounidense	Realizó la demostración experimental de los quarks.

Kirchhoff, Gustav Robert; físico alemán	Inventó el espectroscopio y confirmó el análisis espectral.
Klitzing, Klaus; físico alemán	Es el descubridor de la naturaleza cuántica del efecto Hall, utilizada en metrología de precisión.
Koch, Robert; médico y microbiólogo alemán	Descubrió el bacilo de la tuberculosis (que lleva su nombre), y el del cólera *(VivioCholerae)*.
Kroto, Harold Walter; químico británico	Descubrió los «fulerenos».
Kusch, Polykarp; físico estadounidense	Sentó las bases de la electrodinámica cuántica.
Laennec, René; médico francés	Es el inventor del estetoscopio. Es el fundador de la anatomía clínica como especialidad.
Lamb, Willis Eugene; físico estadounidense	Es autor de notables descubrimientos sobre la estructura fina del espectro del hidrógeno.
Landsteiner, Karl; médico estadounidense	Es el descubridor de los grupos sanguíneos del sistema ABO (1900); también es el descubridor del factor RH (1940).
Von, Laue Max; físico alemán	Es el descubridor de la difracción de los rayos X por cristales. Con lo que permitió conocer la estructura de los medios cristalizados.
Laveran, Alphonse; médico francés	Es el descubridor del agente causal del paludismo (el plasmodio de Laveran).

Lavoisier, Antoine Laurent; químico francés	Es uno de los creadores de la química moderna; identificó el oxígeno y el nitrógeno del aire (1777); ideó una nomenclatura racional (1787) y efectuó las primeras medidas calorimétricas.
Lawrence, Ernest Orland; físico estadounidense	Es el inventor en 1930 del ciclotrón.
Lippmann, Gabriel; físico francés	Ideó la fotografía en color por un método de interferencias.
Loewi, Otto; farmacólogo alemán	Identificó las sustancias acetilcolina y adrenalina en el sistema nervioso autónomo.
Lorentz, Hendrik Antoon; físico neerlandés	Describió el comportamiento individual de los electrones (teoría electrónica de la materia).
Macleod, John; médico británico	Es el descubridor de la insulina
Marconi, Guglielmo; físico e inventor italiano	Realizó las primeras comunicaciones, primero a corta distancia (1896) y luego trasatlánticas (1901) a través de ondas.
Marcus, Rudolf Arthur; químico estadounidense	Sentó las bases que permitieron demostrar los mecanismos de transmisión de electrones entre las moléculas.
Maxwell, James Clerk; físico británico	Unificó las teorías de la electricidad y el magnetismo con las leyes generales del campo electromagnético. Es el descubridor de la magnetostricción.

Méchnikov, Iliá; microbiólogo ruso	Es el descubridor del fenómeno de la fagocitosis.
Mendel, Johann; botánico austríaco	Formuló las leyes de transmisión de caracteres hereditarios, conocidas como Leyes de Mendel.
Mendeléiev, Dmitri Ivánovich; químico ruso	Es el autor de la clasificación periódica de los elementos químicos. (1869).
Millikan, Robert Andrews; físico estadounidense	Fue el primero en medir la carga del electrón (1911) y determinar la constante de Planck (1916).
Molina, Mario; químico mexicano	Demostró que los clorofluorocarbonos (CFC) destruyen la capa de ozono.
Montagnier, Luc; físico francés	Es el descubridor en 1983 del virus de inmunodeficiencia humana (VIH), responsable del sida.
Morgan, Thomas Hunt; biólogo estadounidense	Es el creador de la teoría cromosómica de la herencia. Demostró que la evolución de las especies tiene un fundamento genético.
Moser, Edward; científico noruego	Descubrió las **células de lugar** y las **células de red** que permitieron encontrar el **GPS** interno de las personas.
Mössbauer, Rudolf; físico alemán	Descubrió un efecto de resonancia nuclear que permite precisar la estructura de las transiciones nucleares.

Muller, Herman Joseph; biólogo estadounidense	Descubrió en genética que los rayos X producen mutaciones.
Mulliken, Robert Sanderson; químico estadounidense	Es el primero en conceptualizar las nociones de: «orbitales atómicos» y «orbitales nucleares», para explicar la estructura electrónica y el enlace de las moléculas.
Mullis, Kary Banks; bioquímico estadounidense	Descubrió la técnica de multiplicación de ADN llamada PCR.
Néel, Louis; físico francés	Es el descubridor del ferrimagnetismo y el antiferromagnetismo.
Newton, Isaac; sabio inglés	Estableció la teoría corpuscular de la luz (1675) y sentó las bases de los métodos infinitesimales. En mecánica sentó el principio de la inercia, la proporcionalidad de la fuerza respecto a la aceleración y la igualdad de la acción y de la reacción.
Nicole, Charles; bacteriólogo francés	Sus conocimientos científicos permitieron controlar el tifus, la brucelosis y las fiebres recurrentes.
Ochoa, Severo; médico y bioquímico español	Demostró la existencia de una enzima, el polinucleótido fosforilasa, que asegura la síntesis del ARN en las bacterias.
O'Keefe, John; científico canadiense	Descubrió las «células de lugar» situadas en el hipocampo y que forman un GPS o mapa interno del cerebro.

Olan, Gyorgy Andras; químico estadounidense	Demostró el proceso de carbonación que tiene importante aplicación en la fabricación de carburantes.
Onsager, Lars; químico estadounidense	Sentó las bases de la termodinámica.
Pasteur, Louis; químico y biólogo francés	Es el creador de la técnica de la pasteurización. Descubrió en 1885 la vacuna contra la rabia.
Pauli, Wolfgang; físico estadounidense	Es uno de los descubridores del neutrino, en 1931.
Pávlov, Iván Petróvich; fisiólogo ruso	Es el descubridor del «reflejo condicionado» y de la «secreción psíquica».
Planck, Max; físico alemán	Es el creador de la constante **h** llamada constante de Planck, cuyo valor es de 6,626 x 10^{33}.
Powell, Cecil Frank; físico británico	Descubrió el **mesón pi** o pion.
Ramón y Cajal, Santiago; médico español	Sentó las bases histológicas y citológicas de la neurología moderna.
Ramsay, William; químico británico	Descubrió algunos gases químicamente inertes como el argón, el neón, el kriptón y el helio.
Ramsey, Norman Foster; físico estadounidense	Fue el inventor de la espectroscopia atómica.
Rayleigh, John William; físico británico	Descubrió el gas noble argón junto con Ramsay en 1894 y determinó las dimensiones de ciertas moléculas.
Richet, Charles; fisiólogo francés	Es el descubridor junto con Portier del fenómeno de la **anafilaxia**.

Richardson, Owen; físico británico	Descubrió las leyes de la emisión de electrones por los metales incandescentes
Roentgen, Wilhelm Conrad; físico alemán	Descubrió los rayos X en 1895 y observó que ionizaban el aire.
Rohrer, Heinrich; Físico suizo	Ideó el primer microscopio de barrido con efecto túnel en el Centro de Investigaciones IBM.
Schawlow, Arthur Leonard; físico estadounidense	Es el inventor del láser, conjuntamente con Townes Charles, ambos premios nobeles en 1964 y 1981 respectivamente.
Schrieffer, John Robert; físico estadounidense	Es coautor de la teoría BCS (Bardeen, Cooper, Schrieffer) sobre la superconductividad.
Schrödinger, Erwin; físico austríaco	Creó una nueva teoría cuántica en la que se basan todos los cálculos de la espectroscopia.
Schwartz, Melvin; físico estadounidense	Demostró la doble estructura de los leptones. Permitió elaborar un modelo estándar para la clasificación de todas las partículas elementales.
Schwinger, Julian Seymour; físico estadounidense	Fue el primero en calcular el momento magnético del electrón. Fue copartícipe de la teoría de las interacciones del campo electromagnético con el fotón.

Seaborg, Glenn Theodore; químico estadounidense	Fue el descubridor del elemento químico plutonio (1941). Descubrió también el iodo 131, empleado en el tratamiento de enfermedades de la tiroides.
Segrè, Emilio; físico estadounidense	Es el descubridor de los elementos químicos tecnecio (primer elemento artificial) y el ástato.
Semmelweis, Ignác Fülöp; médico húngaro	Reconoció, antes que Pasteur, el carácter infeccioso de la fiebre puerperal.
Siegbahn, Karl Manne Georg; físico sueco	Es el inventor de un dispositivo que permite hacer un análisis químico de la superficie de un material con los rayos X.
Sierpinsky, Waclaw; matemático polaco	Es el principal representante de la teoría de los conjuntos y de los fundamentos lógicos de las matemáticas.
Shockley, William: físico estadounidense	Es un coinventor de transistores y semiconductores.
Smalley, Richard Errett; químico estadounidense	Descubrió en 1935 los primeros fulerenos (variedad cristalina de carbono cuya molécula consta de gran número de átomos).
Snel van Royen, Willebrord astrónomo y matemático holandés	Descubrió, antes que Descartes, la ley de la refracción de la luz (1620), e introdujo el método de triangulación en Geodesia.
Spemann, Hans; biólogo alemán	Es el precursor de la embriología evolutiva.

Staudinger, Hermann; químico alemán	Fue el primero en establecer la individualidad de las macromoléculas.
Stern, Otto; físico estadounidense	Descubrió junto con Gerlach las propiedades magnéticas de los átomos y confirmó el concepto de onda asociada a una partícula.
Stibitz, George Robert; ingeniero estadounidense	Es el creador del primer circuito electrónico binario (1937); sentó las bases científicas para la primera computadora electrónica.
Stokes, George; físico irlandés	Demostró que los rayos X son de la misma naturaleza que la luz (1896).
Sumner, James Batcheller; bioquímico estadounidense	Fue el primero en cristalizar una enzima (la ureasa), y en demostrar su naturaleza proteica.
Millington Synge, Richard Laurence; bioquímico británico	Es el creador del análisis cromatográfico sobre papel (1944).
Szent-Györgyi, Albert; bioquímico estadounidense	Es el descubridor de la vitamina **C**.
Szilárd, Leó; físico estadounidense	Realizó la reacción de los rayos gamma sobre el berilio y participó en la construcción de la primera pila atómica.
Taylor, Richard Edward; físico canadiense	Es copartícipe en la demostración experimental de los quarks.
Temin, Howard; bioquímico estadounidense	Descubrió la transcriptasa inversa (enzima que explica la cancerización de las células por virus de ARN y los efectos de los retrovirus en el sida).

Thomson, Joseph John; físico británico	Es el inventor del espectrógrafo de masas que serviría para descubrir la vitamina E.
Tinbergen, Nikolaas; etólogo británico	Es uno de los fundadores de la etología moderna.
Todd, Alexander Robertus; químico británico	Demostró la constitución de la vitamina B12 (1955) y realizó la síntesis de las vitaminas E y B1.
Turing, Alan Mathison; matemático británico	Fue uno de los iniciadores de la inteligencia artificial.
Usinger, Robert; entomólogo estadounidense	Entomólogo especialista en hemípteros, frenó la fiebre amarilla en el Pacífico durante la II Guerra Mundial erradicando los mosquitos.
Van der Meer, Simon; ingeniero neerlandés	Ideó un sistema de producción de haces muy finos de antiprotones que permitió descubrir los bosones intermediarios.
Van der Waals, Johannes; físico neerlandés	Descubrió las fuerzas de atracción de origen electrostático entre moléculas.
Van Helmont, Jan Baptista; médico y químico flamenco	Fue el primero en descubrir el gas carbónico y en reconocer la función del jugo gástrico en la digestión.
Venter, Craig; biólogo estadounidense	Formó parte del proyecto Genoma Humano, y en 2010 obtuvo el primer ser unicelular sintético (una bacteria).
Waksman, Selman Abraham; microbiólogo estadounidense	Es el descubridor de la estreptomicina.

Thomson Rees Wilson, Charles; físico británico	Es el inventor de la cámara de condensación para la detección de las partículas cargadas (1912).
Osborne Wilson, Edward; biólogo estadounidense	Es el máximo representante de la biodiversidad y de la sociobiología.
Wöhler, Friedrich; químico alemán	Fue el primero en realizar una síntesis orgánica (la de la urea en 1828)
Williams Wood, Robert; físico estadounidense	Es el inventor de las lámparas Wood (luz de Wood o luz negra).
Burns Woodward, Robert; químico estadounidense	Sintetizó varias sustancias naturales como la quinina (1944); el colesterol y la cortisona (1951); la estricnina (1955); y la clorofila (1961).
Wurtz, Adolphe; químico francés	Descubrió las aminas (1849); el glicol (1855) y estableció la fórmula de la glicerina. Ideó un método de síntesis en química orgánica.
Young, Thomas; médico, físico y filólogo británico.	Descubrió la interferencia de los rayos luminosos. Fue uno de los primeros en descifrar los jeroglíficos egipcios.
Zworykin, Vladímir; ingeniero estadounidense	Es el inventor del iconoscopio (1934).

Índice

Sobre el autor

Como hijo, Antonio María Manrique Rondón aprendió de Quintín de Jesús Manrique Ortega y María Sebastino Rondón de Manrique.

Como estudiante, lo hizo en La Salle, en la ULA (Universidad de los Andes-Venezuela), en la UCAB (Universidad Católica Andrés Bello) y en la UTAL (Universidad de los Trabajadores de América Latina).

Como profesional, aprendió en el INCE, en el Ministerio de la Defensa y en la industria privada.

Como libre pensador, aprendió de sus aciertos y sus desaciertos en la vida.

Como explorador lingüístico, aprendió a enredar y desenredar ideas buscando «el porqué de las cosas», dentro de un cogito, ergo sum, con la luz del Padre, del Hijo y del Espíritu Santo y de la mano de Marina, Axel, Lexa y Vestal.

Sobre la autora

Vestal María Manrique de Conceição (Valencia, Venezuela, 1986) es la hija menor de Marina Arvizu de Manrique y Antonio María Manrique Rondón. Creció en un ambiente lleno de amor y compresión de la mano de sus padres y sus dos hermanos, Axel Antonio y Lexa Marina.

Tras completar sus estudios de primaria y secundaria en las escuelas El Molino y La Esperanza, cursó Medicina en la Universidad de Oriente-Núcleo Bolívar, egresando en el año 2009. Realizó un año de medicina rural en el Hospital Gervasio Vera Custodio, un año de residencia asistencial en el Instituto Venezolano de los Seguros Sociales (IVSS) Dr. Héctor Nouel Joubert y un año en el Hospital Uyapar, en la ciudad de Puerto Ordaz. En 2016 culminó estudios en la especialidad de Radiología y Diagnóstico por Imágenes en la Universidad de los Andes y posteriormente trabajó como radióloga en la clínica Chilemex, también en Puerto Ordaz.

Casada desde 2011 con Víctor Conceição, la situación socioeconómica de su país de origen obligó a la pareja a emigrar en 2018 a Portugal, donde ese mismo año nació su hija María Victoria.

Actualmente se encuentra realizando el proceso de equivalencias médicas a través de la Universidad de Lisboa, con la esperanza de continuar sus labores como médico en el país luso.

Cuando no está investigando y sumergida en cursos científicos, se la puede encontrar paseando con su esposo y su hija por las calles de la ciudad de Tomar.

www.ingramcontent.com/pod-product-compliance
Lightning Source LLC
La Vergne TN
LVHW020331200726
843507LV00012B/2308